国際開発と環境

アジアの内発的発展のために

北脇秀敏・池田　誠・稲生信男・高林陽展　［編］

東洋大学国際共生社会研究センター監修

朝倉書店

執筆者

池田　誠（いけだ　まこと）　教授（公共政策学）〔1章〕，編集者

高林　陽展（たかばやし　あきのぶ）　研究助手（医療福祉政策）〔1章〕，編集者

髙橋　一男（たかはし　かずお）　教授（社会学）〔2章〕

松行　輝昌（まつゆき　てるまさ）‡　大阪大学学際融合教育研究センター・准教授（産業組織論）〔3章〕

荒巻　俊也（あらまき　としや）　教授（都市環境工学）〔4章〕

稲生　信男（いのう　のぶお）　教授（行政学）〔5章〕，編集者

吉永　健治（よしなが　けんじ）　教授（国際協力論）〔6章〕

薄木　三生（うすき　みつお）　教授（自然公園・保護論）〔7章〕

秋谷　公博（あきや　きみひろ）†　（韓国）新羅大学教養学部・専任講師（都市計画）〔コラム1〕

川澄　厚志（かわすみ　あつし）†　東洋大学地域活性化研究所・客員研究員（地域開発）〔コラム2, 7〕

久留島　守広（くるしま　もりひろ）　教授（エネルギー・資源論）〔コラム3〕

北脇　秀敏（きたわき　ひでとし）　教授（環境衛生学）〔コラム4〕，編集者

眞子　岳（まなご　がく）　助教（水環境学）〔コラム5〕

マリア・ロザリオ・ピケロ＝バレスカス　教授（東南アジア論）〔コラム6〕

堀　雅通（ほり　まさみち）　教授（交通経済学）〔コラム8〕

島川　崇（しまかわ　たかし）　准教授（観光マーケティング）〔コラム9〕

所属：東洋大学国際地域学部，同国際共生社会研究センター
†印は別所属，‡印は同センター客員研究員

はじめに
―刊行によせて―

　本書のキーワードは「内発的発展」と「国際共生社会研究センター」である．東洋大学の「国際共生社会研究センター」のメンバーが発展途上国地域の「内発的発展」に関する，理論，方法，事例，今後の展望について総合的に分析，紹介を行っている解説書という意味で，前記二つのキーワードを選んでいる．ここでは，「内発的発展」と「国際共生社会研究センター」との関連を筆者なりに解説を加えることで，本書の序言としたい．

　「国際共生社会研究センター」は，東洋大学の国際地域学部の大学院である国際地域学研究科のメンバーが主要な構成員となって，2001年度から文部科学省の補助を受けたオープンリサーチセンター整備事業，さらには2011年度からは同省私立大学戦略的研究基盤形成支援事業による補助を得て，地域の開発発展と地域の環境，地球の環境の保全の適切な関係を求めて実地の調査，モデルの構築，実践活動を継続してきた研究センターである．この「国際共生社会研究センター」の英語呼称は「Center for Sustainable Development Studies」としているが，環境との共生，地域間の共生はすべからく「Sustainable Development」を実質化するために必要な条件であるべしとの考え方によっている．

　外務省のホームページによれば「Sustainable Development」は「持続可能な開発」と訳されている．「Development」を「開発」と訳すか「発展」と訳すかは議論の分かれるところであるが，国連での定義としては「開発」の要素が重視されたことから，外務省の用語では「開発」が使われることになる．その意味では「内発的発展」は「内発的開発」として使われてもよいようにも思えてくる．問題は「Development」の内容であり，どのような指標で評価するのが「発展」の内容なのか，「開発」の内容なのかによることになる．

　「開発」については多くの場合，簡単さも含めて使われる指標としてGDPがあり，GDPの成長が「開発」の成否を問うものとなる．GDPを成長させるためには，消費の増大が必要となるが，消費を増大させるためには収入増と生産増をもたらすための域内の資源あるいは投資が必要となる．多くの場合域内からの投資

は得にくく域外に支援を求めるケースが多くなるので，必然的に域内に有効な資源（農業生産を支える各種資源を含めて）がない場合には，地域内だけの活動からは成長の原動力は得にくいことになる．

　しかし，「開発」の評価軸をいささか変えてみるならば，事情は大いに変わってくる．最近の話題の中から，ブータン王国が採用する国民総幸福量（Gross National Happiness, GNH）を指標とするならば，域外からの投資には期待しないでも，十分に幸福な生活が維持される可能性も指摘される．鎖国をしていた江戸時代の日本の生活状態をどのように評価するのかも問われることになるが，それなりにビビッドな生活を送り文化を育ててきた江戸の発展を思うなら，そのような生活に郷愁を覚えることにもなる．

　「内発的発展」の解説，各分野の中での考え方は，本書の中で詳述されることになるが，「内発的発展」は途中経過なのか，最終目的なのかは注意して吟味しなければならないことを指摘して，序言の役割を終わりたい．

　2012年7月

東洋大学 常勤理事　松 尾 友 矩

目　　次

1. **国際開発と環境** ……………………………（池田　誠，高林陽展）…… 1
   1.1　はじめに―内発的発展論の展開― ……………………………………… 1
   1.2　本書の構成 ……………………………………………………………… 4
   1.3　内発的発展論のこれから―複雑系の視点から― …………………… 7

2. **社会学から見た内発的発展**―タイのコミュニティ開発のプロセスをめぐって―
   ………………………………………………………………（髙橋一男）…12
   2.1　はじめに ………………………………………………………………… 12
   2.2　社会学における内発的発展の理論 …………………………………… 13
   2.3　タイにおけるコミュニティ開発の推移 ……………………………… 15
   　　2.3.1　政府機関設立の必要性 ………………………………………… 15
   　　2.3.2　都市貧困開発基金設立の要因 ………………………………… 17
   　　2.3.3　UCDO の設立 …………………………………………………… 20
   　　2.3.4　UCDO の対応と重要性を増すネットワーク ………………… 21
   　　2.3.5　UCDO から CODI へ …………………………………………… 23
   2.4　タイのコミュニティ開発と内発的発展 ……………………………… 24
   　　2.4.1　コミュニティ開発の契機 ……………………………………… 25
   　　2.4.2　コミュニティの再開発 ………………………………………… 26
   　　2.4.3　住民主体の開発―バーン・マンコン・プログラム― ……… 27
   　　2.4.4　バーン・マンコン・プログラムのプロセス ………………… 28
   　　2.4.5　開発プログラムの課題 ………………………………………… 29
   2.5　ネットワークを通したタイのコミュニティ開発 …………………… 30
   2.6　おわりに ………………………………………………………………… 33

[コラム 1．ホームレスネットワークによる「適切な住まい」への取組み
　　　　―タイ・ホームレスネットワークの事例より―]…（秋谷公博）…36

［コラム 2．タイにおけるマイクロクレジットを基調とした「コミュニティ開発」の展開］………………………………………（川澄厚志）‥‥37

3. 経済学から見た内発的発展―開発経済学の変遷をめぐって―
　………………………………………………………（松行輝昌）‥‥40
　3.1　はじめに…………………………………………………………40
　3.2　開発経済学の変遷………………………………………………41
　　3.2.1　構造主義（1950〜1960 年代）……………………………41
　　3.2.2　改良主義（1970 年代）……………………………………42
　　3.2.3　新古典派（1980 年代）……………………………………43
　　3.2.4　潜在能力アプローチ，人間開発と新制度派（1990 年代）………45
　3.3　東アジアの奇跡論争と政府，制度の役割……………………46
　3.4　現代の開発経済…………………………………………………48
　3.5　途上国のガバナンス……………………………………………49
　3.6　非営利組織，市民の参加………………………………………51
　3.7　コミュニティ主導型開発………………………………………52
　3.8　BOP ビジネス，適性技術など…………………………………53
　3.9　おわりに…………………………………………………………53
［コラム 3．アジアへの環境技術移転とバイオマス］………（久留島守広）‥‥55

4. 環境工学から見た内発的発展―環境管理への住民参加―…（荒巻俊也）‥‥59
　4.1　環境工学の歴史と展開…………………………………………59
　　4.1.1　衛生工学から環境工学へ…………………………………59
　　4.1.2　内発的発展と環境工学……………………………………60
　4.2　適正技術と環境工学での試み…………………………………61
　　4.2.1　適正技術論の展開…………………………………………61
　　4.2.2　環境工学技術における適正技術…………………………62
　　4.2.3　開発途上国における環境工学研究と適正技術…………63
　4.3　環境管理と住民参加……………………………………………64
　　4.3.1　社会基盤整備における住民参加…………………………64
　　4.3.2　住民の選好を考慮した環境インフラ計画………………66

  4.3.3 市民参加による環境モニタリング……………………………… 69
 4.4 内発的発展に向けた環境工学の展望…………………………………… 70
[コラム 4. バングラデシュにおける BOP ビジネスと内発的発展]
   ………………………………………………………（北脇秀敏）…… 72
[コラム 5. カンボジア村落部におけるキャパシティ・ディベロップメント]
   ………………………………………………………（眞子　岳）…… 74

5. 行政学から見た内発的発展─主体の形成にかかる一試論─
  ………………………………………………………（稲生信男）…… 78
 5.1 はじめに………………………………………………………………… 78
 5.2 「内発的発展論」再考…………………………………………………… 79
  5.2.1 内発的発展論の意義─鶴見氏と宮本氏の議論をもとに─……… 79
  5.2.2 内発的発展論における主体性・関係性・プロセス……………… 81
 5.3 内発的発展にかかる先行研究の展開…………………………………… 83
  5.3.1 制度や政策が地域に及ぼす影響を考察するもの………………… 83
  5.3.2 「市場」を前提に産業発展と地域経済の関係を論じるもの…… 84
  5.3.3 内発的発展の条件ないしはモデルを考察するもの……………… 84
  5.3.4 プロセスに着目しつつ主体の形成過程を重視するもの………… 86
 5.4 内発的発展のための「協働」概念の導入（試論）…………………… 89
  5.4.1 公共領域と協働概念………………………………………………… 89
  5.4.2 公共領域および協働概念の内発的発展への導入………………… 89
 5.5 おわりに………………………………………………………………… 92
[コラム 6. 開発をめぐる相克─フィリピン・セブ市における高架橋論争─]
   ………………………（マリア・ロザリオ・ピケロ=バレスカス）…… 95

6. 内発的発展の進化とインセンティブ─いかに市場経済に対応すべきか─
  ………………………………………………………（吉永健治）… 101
 6.1 はじめに……………………………………………………………… 101
 6.2 内発的発展の要素と進化のフロー…………………………………… 102
  6.2.1 内発的発展の要素………………………………………………… 102
  6.2.2 内発的発展の進化フロー………………………………………… 103

6.2.3　内発的発展から見た開発と保全 …………………………… 105
6.3　内発的発展の進化と経路 ……………………………………………… 105
　6.3.1　内発的発展の進化パターン …………………………………… 106
　6.3.2　二つの内発的発展モデル ……………………………………… 107
　6.3.3　内発的発展と市場開発的発展の要素比較 …………………… 108
6.4　内発的発展の進化型の事例考察 ……………………………………… 109
　6.4.1　事例1：内発的発展によるニッチ市場の形成 ……………… 110
　6.4.2　事例2：水管理組織に対する政策的インセンティブ ……… 111
6.5　内発的発展の組織面における調整機能 ……………………………… 113
　6.5.1　下流農家による上流農家に対する支払い …………………… 114
　6.5.2　上流農家に対するペナルティ ………………………………… 115
6.6　おわりに ………………………………………………………………… 116
[コラム7．一村一品運動と地域振興] …………………………（川澄厚志）… 118

7．地域・観光資源論から見た内発的発展—国立公園・保護地域における
　システムとしてのCommunity-Based-Development— …（薄木三生）… 121
7.1　土地利用の変遷と国立公園・保護地域の拡大発展 ………………… 121
　7.1.1　はじめに ………………………………………………………… 121
　7.1.2　国立公園・保護地域の定義と役割 …………………………… 124
　7.1.3　国立公園・保護地域と生物多様性の概念 …………………… 126
7.2　MAを受けた生物多様性評価の必要性と背景 ……………………… 128
　7.2.1　生物多様性総合評価検討委員会 ……………………………… 128
　7.2.2　生物多様性総合評価検討委員会の報告書に至る共通認識 … 130
　7.2.3　国連生物多様性条約第10回締約国会議（COP10）………… 132
7.3　国立公園・保護地域管理における地域コミュニティの重要性の拡大
　　　………………………………………………………………………… 133
　7.3.1　原住民と地域コミュニティ …………………………………… 133
　7.3.2　国立公園・保護地域の管理におけるパラダイム変化 ……… 136
7.4　国立公園・保護地域管理における地域コミュニティ参入 ………… 138
　7.4.1　代表的な欧州の保護地域は地域コミュニティや原住民と協働
　　　　　管理されているか？……………………………………………… 138

7.4.2 パークス・カナダ（Parks Canada），not 国立公園の発祥の地 USA ………………………………………………………………… 140
7.4.3 最も進んだオーストラリアとニュージーランド ……………… 140
7.4.4 開発途上国の代表的な国立公園・保護地域 …………………… 142

［コラム 8.「地域カード」としての IC カード乗車券の内発的発展］
　　　　　　　　　………………………………………………（堀　雅通）… 145

［コラム 9. 地域の内発的発展に貢献する観光資源開発のあり方］
　　　　　　　　　………………………………………………（島川　崇）… 148

索　引 …………………………………………………………………………… 151

1. 国際開発と環境

1.1 はじめに―内発的発展論の展開―

アジア開発途上地域がこれほどまでに成長を期待される時代は，過去にあっただろうか．近年の著しい経済成長により，中国，インドといったBRICsに挙げられる国だけでなく，ベトナム，インドネシア，バングラデシュといった国々へも注目が集まっている．これらの国々は，これまでは低所得国として世界の下層に位置づけられてきたが，今日は新興経済発展国家として認識されつつあるのである．

この経済成長を言祝ぐことは容易である．しかし，過去の開発の歴史からすると，環境との共生，経済発展の持続可能性に関して楽観的になることは難しい．海外からの直接投資の効果や先端技術の移転によって，発展途上国が即座に経済成長するなどという見方は打ち捨てられて久しい．すなわち「外生的要因による発展」に代わって，「内発的発展」が重要視される時代となったのである．

「内発的発展」論に先鞭をつけたのは，1975年に人間開発の思想に先鞭をつけたダグ・ハマーショルド財団報告書『なにをなすべきか』の刊行である．ここで強調されたのは，経済的な成長戦略だけではなく，人間個人の生物学的環境や社会経済的環境の改善を戦略の中に取り入れることであり，これを受けて，世界銀行をはじめとする開発ドナーの間で重要視されていった．しかしこれは，日本語でいう「内発的発展」ではない．この言葉は日本で生まれたものであり，英訳が難しい．

日本における内発的発展論の端緒を開いたのは，社会学者の鶴見和子である．1970年代後半に，鶴見は社会学者タルコット・パーソンズの議論に基づき，先発国のみならず後発国には独自の発展方法があると主張し，先発後発を問わずに，相互に，対等に，活発に，手本交換が行われる多系発展と多様性に富む社会変化

を範とする「内発的発展」の重要性を喚起した．鶴見の思想では，開発は，地域の自然生態系の固有性や文化遺産・伝統に基づくこと，地域住民が地域社会を自律的・主体的に創造・変革することが重視されるなど，同時代の国際開発思想の転回—社会開発，人間開発への転回—へと軌を一にするものであった．

その後，鶴見の議論を開発経済学者の西川潤が引き継いでいく．西川の関心は，1970年代になっても経済成長が南北間格差を縮小せず環境破壊が引き起こされるなど，経済成長至上主義が見直されていく世界的な開発思想の潮流にあった．こうした背景から西川は，開発経済学の隘路を打開する思想として「内発的発展論」に注目する．西川のいう「内発的発展」とは，途上国が単に先進国がたどった経済成長の道をたどるのではなく，独自の伝統的な価値，自然，社会の特異性を活用した発展のあり方を模索することであり，人間の全人的発展，他律的・支配的発展の否定，住民参加，協同主義，自主管理を旨とする組織形態，地域分権と生態系重視などに強調点が置かれた．鶴見と西川に共通するのは，ロストウの「離陸」論やトリックルダウン説がもつ楽観的な経済成長優先主義の限界を前提とし，開発主体となるべき途上国やその各地域の特性を重視すること，つまり脱近代化論的志向であった．

他方で，「内発的発展論」は，地域経済学，地方財政学の立場からも援用されるようになった．援用とはいっても，異なる目的や着眼点から導かれた点には注意が必要である．出発点は鶴見，西川らとほとんど変わらない．企業や国家が主導し，資金提供や産業立地計画を行う「外来型開発」の反省である．しかし，そこから，先行投資型の社会資本整備や拠点開発方式に替わる，地域全体を対象とする産業政策論として内発的発展論を重視する．つまり，産業論としての「内発的発展論」である．そのため，焦点は地域産業連関や域内経済循環に置かれることとなる．その代表的な論者である経済学者の宮本憲一は，地域固有の技術，文化，産業を基盤として，域内住民が主導し，生産物を域内で消費する開発形態の必要性を主張している．さらにそこには，環境保全，アメニティの保全，文化と福祉の充実，人権の確立など総合的な地域開発のための目標が含まれる．

財政学者の保母武彦による「内発的発展」論も宮本の視点に近い．宮本が着目するのは農山村の問題である．国家や企業主導型の開発が地域への利益還元効果に乏しく，過疎化に拍車をかけていることから，農山村の自前の発展努力，対等かつ自律的な農村都市交流，農村開発のための国家による条件整備の必要性を主

張するのである．このような新たな農村開発のためには，保母はグランドデザインの必要性，それに対する住民理解，リーダーの存在，十分な資金が必要であるとし，政策論としての「内発的発展論」を提唱する．ただし理念としては，鶴見や西川とは相違はないといってよい．環境・生態系の保全，持続可能な発展，人権の擁護，人間の発達，生活の質的向上などの重要性も保母は認識しており，社会開発，人間開発の側面なくして「内発的発展」なしなのである．

今日までに，内発的発展の手法はきわめて多様化した．内発的発展は，地元主導の地域づくりであり，産業開発であり，人間開発，社会開発である．また，地域の自然や社会，伝統文化とも調和した共生型の開発であり，アジア途上国における開発モデルというだけではなく，日本や欧米先進国にとっても先進的な開発モデルといえる多様な可能性を秘めている．例えば，マイクロクレジットや地域通貨，一村一品運動や社会起業家，グリーンツーリズム，フェアートレードなど，途上国発あるいは先進国発の様々な手法が内発的発展を推進している．広くは，リアルなネットワークだけではなく，ソーシャルネットワークのようなバーチャルなネットワークも内発的発展推進のための手法たりうる．ソーシャルキャピタルのようなソフトな人的社会的資本も，現代の内発的発展論を展開する際に一定の関連性を有していよう．これらは途上国でも先進国でもこれからの地域づくりや社会開発として注目され，多くの地域で実験的な取組みが急激に広がっているのである．

以上を踏まえると，内発的発展とは，社会学，開発経済学，地域経済学，地方財政学の立場から研究され，現在もなお注目を集めていること，非常に学際的な主題であることが理解できるであろう．それゆえ，内発的発展という問題にアプローチする本書もまた，学際的な体裁を取ることが必要となる．本書は，東洋大学国際共生社会研究センターの研究者を中心として著されたものであるが，それは同センターが，社会学，文化人類学，経済・経営学，都市・環境工学，観光学など多様な学際的研究に取り組む機関であるためである．

この利点を活かし，各章では，社会学，開発経済学，地域経済学，環境工学などの観点から内発的発展の位置づけを明らかにし，国際開発全体の中で内発的発展が有する今日的な理論的背景と意義を明らかにする．上に挙げたいずれかの専門に単独で依拠するのではなく，いずれの視角や論点も重要であり，総合的にアプローチしていくことで，より包括的な「内発的発展論」を志向するものである．

さらに,「アジアの内発的発展と共生」に関する最新の研究成果を,具体的な事例としてコラム形式で紹介する.

最終的に本書は,内発的発展と共生に関する理論,方法,事例,今後の展望について総合的に分析,紹介を行い,21世紀の国際開発から個々の具体的な地域づくりに新たなビジョンと具体的なツールを示すことを期すものである.つまり,途上国・先進国を問わず自律的で共生的な地域づくりに取り組む市民,自治体,国際開発専門家,さらにはこれらを学ぶ若き学生達にとって知的刺激と挑戦に富んだ良きテキストとなることを強く期待する.

1.2　本書の構成

本書は,7つの章と9つのコラムで構成される.まず,各章を概観しておきたい.

第2章「社会学から見た内発的発展」は,髙橋一男が社会学的視点から見た内発的発展を検討する.本章でも上述したように,日本における内発的発展論の主唱者である鶴見和子の議論がここで再度検討され,そのうえで,タイにおける住民主体のコミュニティネットワークを通じたコミュニティ開発のあり方が示される.このタイの経験がいかにして,他のアジア各国におけるコミュニティ開発の模範例となったのか,髙橋はこの点を明らかにしている.

松行輝昌による第3章「経済学から見た内発的発展」は,1950年代から現在に至るまでの開発経済の歴史と経済学のアプローチを概観するものである.構造主義,改良主義,新古典派,人間開発と新制度派など,時系列的に開発経済学の発展過程を示し,そのうえで,ガバナンスの問題,非営利組織の役割増大,BOPビジネスなど,近年の内発的発展論で注目されているアプローチについて検討する.そして,市場,政府,国際機関,開発ドナーなどの伝統的な開発主体から市民や非営利組織といった,より多様な主体によって経済開発が担われていることを示す.

荒巻俊也による第4章「環境工学から見た内発的発展」は,環境工学における内発的な開発手法について検討している.それは,具体的には,「適正技術」(発展途上地域においても人的・経済的に利用可能な技術の移転)の開発と開発プロセスにおける環境管理への住民参加を念頭に置いたものである.グローバル化の

波は技術の均質化を直ちに達成するものではなく，地域社会に根差したハードとソフトの開発こそが重要だとする点において，内発的発展論と環境工学の新たな方向性を指示しているといえよう．

ミクロな経済活動の視点から内発的発展論を検証したのが，稲生信男による第5章「行政学から見た内発的発展」である．この章で稲生は，内発的発展の前提としての人材育成とそのための教育システムの構築，とくに地域住民だけでなく彼らをサポートする担い手の育成のあり方を，「協働」概念に着目して提示していく．その際重要とされるのは，地域の活動主体の形成過程における非定型教育と定型教育であり，主体間の相互関係をネットワーク化することで「協働」関係を樹立することである．複数の組織ないしは行為者が，対等な視角で政策的課題の解決のために領域横断的に行う，そのような自発的かつ開かれた協力関係を組織的現象としての「公共領域」として打ち立てることで，地域住民のエンパワーメントを達成する．ここに稲生は，内発的発展のための方法を見出していく．

前出の稲生と似て，吉永健治による第6章「内発的発展の進化とインセンティブ」は，ミクロな地域経済における内発的発展の方法を検討する．吉永も指摘するとおり，内発的発展論は利益追求型で地域への利益還元の少ない経済システムへのアンチテーゼとして登場した背景があり，それ故，内発的発展と市場メカニズムの融合がいかにして可能か，が課題の一つであった．このような観点から吉永は，内発的発展のプロセスにおけるインセンティブの有用性を，フィリピンにおける農業用水に関わる水管理組織の活動から分析し，政策的インセンティブによって地域住民が地域の利害調整機能に自発的に参画し，コンフリクトを防ぎまたは解決することが可能であり，地域住民の自律的な地域運営を拓くものだと論じている．

以上の国際開発，地域開発に関わる研究に加えて，薄木三生の第7章「地域・観光資源論から見た内発的発展」は，観光資源をもとにした地域開発の観点から，内発的発展の開発手法を検討する．地域外からの技術移転や資本投下によらず，地場産業を興していこうとする場合，観光資源は無視することのできない可能性を秘めている．とくに近年は，世界遺産級の史跡や自然環境が観光資源としての価値を増しており，それらをいかにして保全しつつ観光地として成立させていくかが重要な課題となってきている．薄木による第7章は，このような観点のもと，国立公園・保護地域の歴史的背景，生物多様性概念の受容過程を分析し，今日，

コミュニティベースの観光資源開発が求められるようになりつつあることを明らかにしている．今後のアジア途上地域，とくに自然景観が多く残されている地域の開発のあり方に関するヒントがここにあるといえよう．

コラムについては，(1) 地域/コミュニティ開発に関わるもの，(2) 観光開発に関わるもの，(3) 環境工学に関わるもの，(4) よりグローバルな開発課題に関わるものに分けることができる．

まず，(1) 地域/コミュニティ開発に関わるものである．川澄厚志「タイにおけるマイクロクレジットを基調としたコミュニティ開発の展開」（コラム 2）は，マイクロクレジットと呼ばれる開発手法を紹介し，この手法が，貧困層の起業支援，インフラ整備，住宅改善など内発的発展の基礎となる部分に効果をあげていることを，主としてタイにおけるマイクロクレジットの現状から紹介している．川澄のもう一つのコラム「一村一品運動と地域振興」（コラム 7）では，大分県から始まった一村一品運動に着目し，これが，地域に内在する資源，文化，技術の活用が内発的発展手法として，現在タイ，中国などアジア各国へ輸出されてきたことを紹介している．タイの都市貧困層に関わるコラムとしては，秋谷公博「ホームレスネットワークによる「適切な住まい」への取組み―タイ・ホームレスネットワークの事例より―」（コラム 1）がある．ここでは，居住環境に問題を抱えるコミュニティのネットワークによる連帯と協同の事例として，ホームレスネットワークの活動を紹介し，貧困層のネットワーク化により，住民の自律的な開発参加が拓かれていくことを論じている．タイの隣国フィリピンにおける地域/コミュニティ開発の問題については，マリア・ロザリオ・ピケロ＝バレスカスが「開発をめぐる相克―フィリピン・セブ市における高架橋論争」（コラム 6）で，セブ市における高架橋建設問題を取り上げ，中央集権的に決定された高架橋建設に対して，住民の側からガバナンスと居住環境の質を求める住民運動が立ち上がり，開発のあり方が問い直されている現状を紹介している．

観光開発に関わるコラムとして，本書は以下の二つを収録している．まず堀雅通「地域カードとしての IC カード乗車券の内発的発展」（コラム 8）は，日本では馴染みのある IC カード乗車券を運賃収受にとどめず，観光地において多様な利用が可能となる電子マネー機能付き IC カードとして地域振興に用いている事例，日本における地方都市や島嶼部での導入事例から，海外での導入事例などを紹介している．

一方，島川崇「地域の内発的発展に貢献する観光資源開発のあり方」（コラム9）は，上述の川澄の問題関心に似て，地域資源を生かしながら，いかにして地域住民にその開発の利益を還元するのかという内発的発展の課題を観光開発の文脈から検討している．そこで重要なのは，他地域と明確に差別化できる観光資源の探索の成否であり，韓国のコチュジャン村の事例を紹介し，観光資源探索の今後について検討している．

環境工学の視点からは，前出の荒巻の問題関心を引き継いで，北脇秀敏と眞子岳によるコラムがある．北脇は「バングラデシュにおける BOP ビジネスと内発的発展」（コラム 4）において，バングラデシュにおける安全な水供給を実現する BOP ビジネスの試みを紹介し，開発途上国でも利用可能な水環境技術のあり方について議論している．他方で，眞子は「カンボジア村落部におけるキャパシティ・ディベロップメント」（コラム 5）において，経済発展が目覚ましいカンボジアにおいて現在，都市部と村落部の貧富の差が拡大しており，村落部開発の重要性が増していること，その際，村落部住民への援助効果の最大化を目的として，住民の啓蒙とビジネス手法の導入を柱とする住民のキャパシティ・ディベロップメントの重要性について論じている．

最後に，よりグローバルな文脈における内発的発展の課題として，久留島守広によるエネルギー問題のコラム「アジアへの環境技術移転とバイオマス」（コラム 3）がある．COP10 時代において温暖化対応は必須の課題であり，エネルギーはアジア諸国における安全保障の鍵である．こうした観点から，今後アジア諸国において，バイオマス燃料などを用いたクリーン開発メカニズムの開発，そして途上国の採算に見合った技術移転により内発的発展を支援することの重要性が提起されている．

1.3 内発的発展論のこれから―複雑系の視点から―

以上のように，本書において社会学，経済学，環境工学，協働と公共領域，組織進化とインセンティブの視点から，これまでの内発的発展論を検証しつつ，事例との対応も図りながら総合的な議論を展開している．これらをさらにここで総括することは屋上屋を重ねる結果になるおそれも多分にあるが，あえて編者の視点から総括と今後の展望を述べてみたい．

それは，各執筆者の論考においても，内発的発展が自己組織化や進化，創発といった当該地域の潜在的なポテンシャルの発露を意味あるいは示唆していることからも明らかなように，内発的発展論者達の当初の発想にはなかったかもしれないが，1980年代から徐々に姿を現しつつあるコミュニケーション合理性と複雑系の潮流と軌を一にしている点である．鶴見の内発的発展論がパーソンズに由来していることからも，社会システム論のその後の展開において欠かすことのできないルーマンとハーバーマスの論争も，内発的発展論自体の概念進化に少なからぬ影を落しているといえよう．ここではルーマンの社会システム理論における複雑性の縮減やダブルコンティンジェンシー，あるいはハーバーマスの公共性やコミュニケーション合理性について詳述する紙面もないので省略するが，彼らの延長線上あるいは論争の社会的理論的背景に複雑系と参加型の地域づくりの潮流があると捉えているのは編者だけではないであろう．このうち参加型の地域づくりは本書でも全体を通じて各所で述べられているので改めてここで議論するまでもないが，複雑系については若干のコメントを付け加えさせていただければ編者としての役割の一端を補えるのではないかと考える次第である．

　内発的発展論と複雑系の関連性がとくに明らかなのは，稲生の第5章と吉永の第6章である．稲生の多様な主体の関係性とプロセス，ネットワーク，教育，吉永の進化モデル，ゲーム論，実験経済学など，各執筆者の視野には複雑系の潮流が渦巻いている．本書では内発的発展論との関連性という視点からは触れられていないが，社会学における自己組織化や経済学における進化経済学などの面も，いずれは内発的発展論の次の段階として理論的関連性を有するものとなろう．

　そもそも複雑系とは何か，という問いが聞こえてきそうである．複雑系の定義は，M.ミッチェルの『ガイドツアー複雑系の世界　サンタフェ研究所講義ノートから』の第7章「複雑性の定義と測定基準」が平易かつ網羅的で一読を勧めたいが，結論は「複雑性には相互に関連する様々な側面が存在し，たった一つの基準でそれを測るのは，おそらく無理であろうことが分かる．」と述べられており，答えにはならない．そこで，ここでは簡単に「多くの多様な要素で構成され，局所的な相互作用によって部分が全体に，全体が部分に影響し合って複雑に振る舞う系を，単純な要素と行動ルールで理解＝再現できるという立場と，複雑なものを複雑なまま全体として捉えるとする立場があるものの，どちらもその系の中から自律的に発生する全体のパターンや秩序を自己組織化とか適応，進化，学習，創

発として捉える」ものと定義しておく．池田は，複雑系のモデリングとシミュレーションを参加型の地域づくりに応用することを現在の研究テーマにしており，ここでも理論面からの総括というより，この視点から主として稲生・吉永の内発的発展論を受けて今後の展開を考察してみることとする．

　複雑系のモデルとしては，人工生命で有名なセルオートマトンやネットワーク，遺伝アルゴリズム，ゲーム理論などを扱うマルチエージェント・シミュレーション（MAS）が挙げられる．MASは，自律的な主体であるエージェントをコンピュータ上に，多数かつ多様なマルチエージェントとして設定して，それぞれのエージェント同士の局所的な相互作用というミクロな現象から，システム全体としてのマクロなパターンや秩序が創発してくることをシミュレーションする手法である．大規模な火災や震災・津波などの避難行動や帰宅困難者のモデル，自動車・歩行者の交通モデル，新型インフルエンザの感染モデルなどはテレビや新聞などでも目にする機会が多くなっている．地域モデルとしては，T. シェリングの分居モデルが有名で，人々が抱く偏見がそれほど強くなくても所得や人種・民族などの住み分けが生じるということを簡単なシミュレーションモデルで明らかにした．そのほかにも地域モデルはいろいろとつくられているが，自律的な主体としての地域住民や企業・NPO 等の諸団体，教育機関や自治体，外部からの参加者（漂泊者）や国など稲生が提案する協働型内発的発展フレームや，吉永が提案する内発的発展と市場開発的発展の進化と経路のモデリングとシミュレーションなど，MAS を用いた参加型の地域づくりの格好のテーマといえよう．また，吉永の灌漑システムのゲーム論は上流・下流の多数の農家が登場する MAS として実証的な研究の可能性も示唆される．

　しかし，ここで述べたいのは，このような MAS の研究課題としての位置づけではなく，むしろモデリングやシミュレーションを行うことを前提にこれらをみると明らかになる次のような点である．それは，どのような問題をコミュニティが抱えていると住民自らが考えるのか．住民がそれぞれ有している地域の自然との共生の知恵や伝統や文化から職業的知識や町内会の絆など，自律的なエージェントとして住民をどのように捉えているのか．住民自らの学習や住民の力だけでできるコミュニティの創発というようなコミュニティに固有の協働型内発的発展の基本フレームから，まずはモデル化を考えるべきでは，という点である．それは，実際に参加型の地域づくりに立ち会って，観察者の立場や参加者の立場，ア

ドバイザー，教育機関，自治体など様々な立場を経験してきた者として筆者の経験からもいえる．いずれにしても，このことは，あらゆる地域に内発的な発展の潜在的なポテンシャルが秘められていて，それが顕現化するための刺激として，内部からは何があるのか，外部の要因として何がどのように作用するのか，協働型内発的発展のフレームワークを検討する新たな視点といえるのではないだろうか．さらに，ソーシャルネットワークが提供するNPOの市場やファンドや労働力・情報発信のノウハウなど様々なネットワークの出現が，このフレームに新しいエージェントやネットワークを付加することを求めていることも見逃せない点である．

　同じ視点から吉永の内発的発展と市場開発的発展の進化と経路というフレームは，前述のモデルを動かしていくときに，どのような状態に変化すれば，どのような地域社会が進化・創発したといえるのかを判定する枠組を提供してくれる．いわゆるシミュレーションの評価値である．これをどのように指標化するのか．左右，上下の軸は，右（内発的発展・地域の発展），左（市場開発・競争原理），上（自立・協調・自己表現・創造），下（利益追求・経済発展）となっているが，これらの軸は，左右と上下で相反する2次元の指標ではなく，左・右・上・下で異なる4次元の指標として評価値を設定することになるフレームである．この図の背後には，吉永自らが述べているようにグローバル化の激流があり，右上の象限に留まり続けながら内発的発展を進化させることは不可能なように思われる．しかし，日本でも自給自足の地域づくりを基本方針としてそれを目指す地域は埼玉県小川町など大都市近郊から高知県四万十川流域の中山間地域など全国で様々な取組みがある．また，海外でもピークオイル後を見据えた英国のトランジッションタウンなどは英国以外の国々にも広がりつつある取組みである．このような様々な取組みをモデル化することは，多様な選択肢をそれぞれの地域の可能性として示すことにもつながる．

　池田は参加型の地域づくり自体に関わることが，モデリングやシミュレーションよりもはるかに多くの情報を得られるという学術研究的な側面だけでなく，そこに関わるすべての人に学習と成長の機会を与えてくれる総合的な社会的側面を高く評価している．それにもかかわらず，実践的に参加型の地域づくりに関わるだけではなく，その一つのツールとしてモデリングやシミュレーションを位置づけているのは，様々な地域づくりの中でその地域では実地では実験できない社会

的な状態（大規模災害や複数の政策シミュレーションなど）を確認する手法としての重要性だけではなく，MAS を通じて自律的で主体的なエージェントの振る舞いを想定し，コンピュータの中の地域社会の一員として相互作用と創発や学習・適応・進化・自己組織化の当事者を疑似体験することを強調したいと考えているからである．モデルを作成するプロセスやシミュレーションの解釈の段階で，そのような疑似体験をすることが一般的である．そのような疑似体験を自らモデルの設定を変更しながらゲーム感覚で楽しみながら学ぶゲーミングや，さらには大勢がネットワーク上で様々な問題の解を見つけ出すソーシャルネットワークを利用したゲーミフィケーションへの応用も注目される．

　このような内発的発展論を複雑系のモデリングとシミュレーションと参加型の地域づくりという視点から眺めてみることが，新しい参加や協働の道筋や社会の姿を見出して，更なる内発的な発展の可能性を示唆することにつながれば幸いである．

2. 社会学から見た内発的発展
— タイのコミュニティ開発のプロセスをめぐって —

2.1 は じ め に

　本章では，タイにおける貧困層を含むコミュニティ開発のプロセスを事例として取り上げて内発的発展を社会学的に論じることを目的とする．

　タイのコミュニティ開発の歴史は，1960年代以降を時系列的に捉えると理解しやすい．

- 1960年代：都市への労働人口の移動に伴い首都バンコクにスラムの形成が進んだ．
- 1970年代：スラム形成が進み，バンコクには2,000を超えるスラム，スクワッターが生まれた．
- 1980年代：中央政府およびバンコク都庁はスラムを強制撤去によって排除する方針を打ち出した．警察が強制撤去にあたりスラムコミュニティ住民と衝突を繰り返したが，スラムの数は一向に減少せず，結局は失敗に終わった．
- 1990年代：強制撤去によるスラムの排除に失敗した中央政府およびバンコク都庁は方針を転換し，住民主体の開発へと切り替えた．タイ政府は開発を推進するために新しい機関を設置した．それが，タイ住宅公社 NHA（National Housing Authority）から分離した政府機関，都市コミュニティ開発事務局 UCDO（Urban Community Development Office）であり，マイクロクレジットを取り入れたプログラムをスラム住民に紹介して，スラム住民主体のコミュニティ開発が本格的に始まった．住民参加型の開発を支援するコミュニティネットワークが UCDO によって組織化が進められた．
- 2000年代：農業基金が注入され UCDO は2000年にコミュニティ組織開発機構 CODI（Community Organization Development Institute）へと改組され，都

市部のみではなく農村部も含めた国内全域にわたる住民主体のコミュニティ開発を推進することとなった．さらに住民主体の開発を強力に進めるためのプログラム，バーン・マンコン・プログラム（Baan Mankong Program）が開発され浸透していった．

こうした開発の経緯を紹介してコミュニティ開発プロセスにおける諸問題を指摘しながら「地域住民が地域社会を自律的，主体的に創造，変革する」内発的発展について社会学的に分析し，さらにネットワーク理論，社会運動論等を紹介したうえで，それらの理論に基づいて分析を行うことで，アジアにおける内発的発展の今日的な課題を考察する．

2.2 社会学における内発的発展の理論

内発的発展の理論については，鶴見和子，川田侃編著『内発的発展論』（1989）で詳しく議論されているが，内発的発展という概念が一般的に使われるようになった一つのきっかけは，1975年にスウェーデンのダグ・ハマーショルド財団が第7回国連特別総会に提出した報告書であった．その報告書は『もう一つの発展』と題されていた．それまで先進国の論理で発展が議論されていたのに対し，発展途上国の立場を含めて発展について包括的に定義している点が特筆される．

そこでは，次のように発展の要件が述べられている．
(1) 食糧，健康，住居，教育など，人間が生きるための基本的要求が満たされること
(2) 地域共同体の人々が協働によって実現されること．このことを「自助」と呼ぶ
(3) 地域の自然環境との調和を保つこと
(4) それぞれの社会内部の構造変革のために行動を起こすこと

上記の要件を満たす発展様式や生活様式とは，それぞれの地域の人間とその集団が，それぞれ固有の自然環境，文化遺産（伝統），地域共同体の男女の成員の創造性に依拠し，他の地域の集団との交流を通して，創出することができると述べている．

この報告書の定義では，発展の単位が「地域」であることを明確にしている．また，地域の自然生態系との調和を強調していることと，地域の文化遺産（伝統）

に基づく人々の創造性を重んじている点が，それまでの発展の定義とは異なっており，評価された理由である．また上記（2）で言及されている「自助」とは，経済面で自給率を高め，文化面でも外国への依存をできるだけ少なくすることである．

さて，内発的発展の理論を検討する場合，社会学者鶴見和子の「内発的発展論」について見ておかなくてはならない．むしろ，内発的発展の理論がアジアから提唱されたということが重要であることを指摘しておきたい．

1970年代半ば，上記のダグ・ハマーショルド財団が提出した報告書『もう一つの発展』で議論された「もう一つの発展」とは，欧米の近代化に対して，それとは異なる発展があり，内発的発展も同じであると鶴見は指摘している．しかし鶴見の内発的発展論では「内発性」が強調されている．その理由として二つの根拠を挙げている．

第一は，アメリカの社会学者T.パーソンズのアメリカ近代化論を取り上げている．1960年代のアメリカ社会学における近代化論は，イギリスやアメリカなど先発国を内発的発展者と捉え，後発国は，ここでは非西洋社会はすべて後発であるとみなされているが，先発国の手本を借りて近代化を遂げたか，遂げつつあるため，外発的発展者であると指摘している．これに対して鶴見は，後発国も内発的発展がありうるとのアンチテーゼを呈している．

第二には，とりわけ非西洋社会の立場から精神的知的側面の発展，すなわち自己覚醒および知的精神的創造性を強調している．発展は，物質生活の向上だけではなく，精神的覚醒と知的創造性とを通じて，人々は社会変化の主体となることができると主張している．

これらの論点から，鶴見は内発的発展は後発国および発展途上国からの発想であると指摘している点が見逃せない．発展のプロセスと目標を実現する社会の在りようと，人々の暮らし・生活は，それぞれの地域と人々の集団（住民）が，固有の自然生態系に適合し，文化遺産（伝統）に依拠して，外来の知識，技術，制度などを照合しながら，自律的に創出することが内発的発展であると結論づけた．これが鶴見和子の「内発的発展論」の基幹をなしている．

2.3 タイにおけるコミュニティ開発の推移

　前節の内発的発展の理論を，ここではタイの貧困層を含むコミュニティ開発の事例で考察してみたいと思う．

　タイにおけるコミュニティ開発を考察するとき，まずその開発プロセスを把握する必要がある．そこで1960年代以降の開発の経緯を振り返っておく．

　1960年代のタイは経済社会政策の転換によって産業振興へと大きく舵がきられた．そのため国内経済の成長が著しく加速され，労働力の都市への集中が起こりとりわけ首都バンコクには多くの労働人口が流入した．それにひきかえ都市への住宅供給が需要に応えきれずスラム，スクワッターの形成を招くこととなった．

　1970年代前半には不法占拠による住居とその集落の数がピークに達し，首都バンコクには2,000を超えるスラムが存在した（Sophon, 1992）．これを見た中央政府と地方自治体は，スラムの増加を防ぐ手段として強制撤去に求めるようになった．1980年代はこの強制撤去によるスラム排除の時期と言ってもいい．しかし，強制撤去を受けてもスラム住民は周辺のスラムや親類を頼ってバンコク都内の別のスラムへと吸収されていった．

　1990年代になって，これらの強制撤去によるスラム解消の手法は有効ではないことに気づいた中央および地方政府は方針を大きく変えて，住民による自助型の居住環境改善手法に転換をはかった．

　そこで1992年に政府機関が誕生し，住民主体のコミュニティづくりを主導し，さらに開発を経験したコミュニティが，これから開発に取り組もうとしているコミュニティを相互支援するコミュニティネットワークを形成して改善事業を展開し，今日に至っている．

　本章では，自助型のコミュニティ開発を主導してきた政府機関の成立の経緯を概観したうえで，コミュニティネットワークを通して実施されるコミュニティの開発に関して検討する．

2.3.1 政府機関設立の必要性

　1980年代末，都市部では約20%の住民が低所得居住地で生活していた．3,500か所の居住地に暮らす貧困者は，土地所有権が不安定であり劣悪なサービスを受

け，インフラと住宅事情が整備されていなかった．タイ住宅公社（National Housing Authority：NHA）の推計によると，タイ都市部の貧困者（約 10.5 万世帯）は，少なくとも 13％が強制撤去を迫られていた．しかし，この数字は実状を正確に反映しているとはいえない．貧困者自身が実施した調査によれば，低所得居住地で生活する居住者数は，正式な統計より多いからである．

　1990 年代初頭，タイ国家経済社会開発庁（National Economic and Social Development Board：NESDB）は，都市貧困コミュニティ問題を解決するために，開発を促進する代替策を検討し始めた．しかし，都市貧困者の生活水準とりわけ不法占拠者や土地の違法な賃貸者の生活水準は，経済成長の恩恵を受けていなかった．タイ住宅公社は，撤去移住後の代替地を提供したが，住宅事情は改善されなかった．多くの場合，リロケーション（撤去移転）による恩恵を受けると思われた都市貧困者は，所得水準が低いため返済能力を欠いていたからである．その結果，貧困者は割り当てられた区画を売却して，不法占拠者として都市に戻ることが多かった．

　ここで NESDB は，低所得者層は所得が増えれば土地と住宅を購入するようになるとの考えから，都市貧困者の所得を増やす施策を実施すれば，貧困者が土地と住宅を市価で購入できるようになると判断したのである．貧困削減計画の出発点として，貧困改善問題を解決する他の方法を研究するために，タイ住宅公社のもとに研究チームが編成された．調査チームは，タイにおける過去の経験だけでなく，バングラデシュのグラミン銀行やフィリピンのコミュニティ抵当事業（Community Mortgage Program）など，他国の事例も参考にした．1990 年 12 月までに，都市貧困開発基金（Urban Poor Development Fund）に関する構想が立案され，基金創設に向けた活動が始まった．

　都市貧困開発基金の設立の研究は，開発準備の重要なフェーズであった．このプロセスには，都市貧困開発問題に取り組むコミュニティグループ，活動家，コミュニティ連合，非政府機関（NGO），市民団体，起業家，政府職員が参加した．関係者は協議を重ね，多くのアイデアを出して具体化した．関連機関による団体が組織され，後に事務局の運営を支援することになった．こうしたアイデアには，タイにおける新しい制度として，都市貧困開発基金を設立する提案も含まれていた．この基金は，都市コミュニティ開発事務局（Urban Community Development Office：UCDO）に置かれた．そして，都市コミュニティ開発活動を支援

し，所得創出と住宅関連のコミュニティ組織に低利融資を提供するために，回転資金融資として12億5,000万バーツ（1バーツ＝約2.7円）の予算が付いた．

都市貧困開発基金の特徴は次のとおりである．

(1) 組織形態：都市貧困開発基金はタイ住宅公社の下に置かれた．UCDOは理事会が運営したが，理事会には政府代表，学識経験者，スラムコミュニティの代表が参加し，各組織が最高レベルのパートナーシップを形成していた．財団は当時から自由裁量の余地を残すように，最終的に独立した意思決定機関となることが決まっていた．政府内に都市貧困開発基金を特別な部門として設立することは，法的地位を争うことなく，当初から独立した組織として運営できるため，その利点は非常に大きかった．

(2) 管理戦略：理事会は，政策の立案と実施，事務局長の指名に責任をもった．事務局長は，融資制度と手続きを策定し，職員チームを編成する．UCDOは，従来型の官僚機構ではなく，柔軟性と効率性を備えたコミュニティ参加型の組織であった．

都市貧困者と基金創設に向けた政策変更を促した要因は多岐にわたる．基金が創設された背景には，経済成長，不平等，土地価格の高騰，国家基金の活用，貯蓄と信用など，コミュニティ開発に関する過去の経験，諸外国の革新的な計画，異なる統治形態に対するニーズ等，複雑な要因があったのである．

2.3.2 都市貧困開発基金設立の要因

都市貧困開発基金が設立された最大の理由は，1987年から1990年にかけて，タイが年率7％の高度経済成長に入ったことだった．タイの民主主義制度が1980年代初頭に安定したため，経済は飛躍的に成長した．民間部門による開発が飛躍的に拡大し，タイは急速に変化した．商業銀行が提供する開発向け融資が簡単に利用できるようになり，大規模な社会基盤整備事業がタイ全土で一斉に着手され，バンコク都市圏は急速に拡大した．中産階級とサービス部門が成長したことを受けて，民間の不動産市場が急成長した．

こうした条件にもかかわらず，富裕層と貧困層の所得格差は拡大した．所得の内訳を見ると，1980年代初頭，所得者の上位20％は総所得の51％を占めていたが，この数値は1990年代には60％に達した．その一方，低所得者の下位20％が占める比率は，同期間に5％から3％に低下していた．経済発展にもかかわらず，

所得者の30％を占める最貧層は，住宅を購入できなかった．しかし一方では，住宅融資が簡単に受けられるため，富裕層と中間層は住宅市場に投機し，住宅を2～3軒保有する者も現れた．

経済成長に伴い，都市部には正規/非正規部門の雇用が創出されたことから，人々は都市に流入した．雇用機会は好転したが，都市貧困者の住宅事情は急速に悪化した．急速な事業拡大と政府によるインフラ投資が土地価格を高騰させたのである．大半の都市貧困コミュニティは，土地所有権が不安定だった．長年放置された不法占拠者コミュニティは，土地所有者が土地を売却して利益を得ようとしたため，強制撤去を受けた．強制撤去問題は公有地と私有地で急速に拡大した．経済成長と投機による土地価格高騰を受けて，土地所有者は，利益の厚い土地再開発に向かった．

1980年代末になると，バンコク都民の約24％が1,500か所の低所得居住地に暮らし，その21％が強制撤去問題に直面していた．不法占拠者コミュニティは，居住地に生活した期間が長くても，法的な保護を受けられなかった．

タイ住宅公社は，バンコクの都市貧困者を代替地に移住させる計画（リロケーション）を実施したことから，強制撤去を受けた人々の火急のニーズはある程度満たされた．しかし，代替地を用意しても，移住先には雇用機会が少なく所得も低かったので，多くの世帯は住宅費用を返済できなかった．そのため新居を手放す者も出て，多くの世帯は，不安定と不確実な状態に絶えず苦しんでいた．

基金設立を促した二つ目の要因は，政府が融資を提供したことだった．新法制定に伴い，土地価格が全国的に上昇した結果，政府は多額の歳入を得た．石油ショック後の数年間，政府は歳出を削減した結果，歳費が蓄積されて国家財政はきわめて安定した．

三つ目の要因は，政府が基金を強力に支援したことだった．タイは1980年代後半にアジアの新興諸国となった．工業，商業，建設部門を中心として，タイ経済が急成長した結果，都市貧困者の労働力に対する需要が拡大した．第7次国家社会経済計画（National Social Economic Plan，1992～97年）を策定したタイ国家社会経済開発局（National Social Economic Development Office）の委員会は，生産・サービス部門の持続的な成長には，都市貧困者の労働力が必要なことを認識した．委員会は，都市貧困者に良好な社会サービスと投資機会を提供し，貧困者がスキルを向上する必要があると考えた．さらに，小規模な起業家は，大規模

な事業の隙間を突いてビジネスチャンスをつかめると委員会は考えた．クーデター後に政権の座に就いたアーナン首相は，支援をさらに拡充した．その結果，国家開発を支える新たな融資制度が生まれた．

同時に，従来の経済社会制度が不適切なことが認識された．市民社会は脆弱であり，軍事政権に対して懐疑的であったため，市民は社会開発に積極的に参加しようとした．その一方で地方分権が加速し，中央政府には自らを開放して説明責任を果たす機運が高まった．中央政府の権限を地方自治体に移し，市民参加型の労働慣行が生まれようとしていた．

第四の要因としては，1970年代から1980年代にかけてHuman Settlements Foundation (HSF), Plan International, People's Organization for Development, Building Together Association, Duang Prateep Foundation, Human Development Foundation ('The Mercy Centre') などの非政府機関が都市貧困問題に積極的に取り組み，コミュニティや貯蓄信用グループを作り，住宅開発に取り組んだことである．いくつかのコミュニティは相互に連携し，新しい住宅開発プロセスを模索するために，相互に学びあった．コミュニティの連携と学びあいが発展するのに伴い，コミュニティは他のコミュニティの開発戦略に積極的に参加した．

強制撤去に直面した居住者は，生活基盤を確保し開発プロセスを確実に実施し，安定した開発オプションを選択できるように相互に連携を強化していった．土地分有やコミュニティ主導の住宅開発活動は，都市コミュニティ開発事務局（UCDO）が設立される前から着手されていた．こうした革新的な活動は，従来型の手法に基づく公的機関から十分な支援を受けずに組織されていた．しかし，こうした活動を通じて，変革に対する期待は確実に醸成されていた．

1990年代初頭までに，複数のコミュニティが60余りの貯蓄グループを結成した．そして，コミュニティ開発センター，プラー・ナコーン・コミュニティ共同組合，開発コミュニティ連合などのコミュニティネットワークが生まれた．コミュニティ貯蓄信用グループが活発化すると，政府機関や開発専門家の支援を得て自信を深めるとともに，こうした活動を実施する高度な管理能力を修得していった．

1988年と1990年，タイ住宅公社はコミュニティに融資を提供する住宅開発基金を設けた．この基金は成功しなかったが，その経験を通じて新たな基金を設立

する必要性が理解された．多数のコミュニティと専門家は，基金を設ける利点を理解し基金を効率的に運用する手法を会得した．こうした経緯を経て，1992年に都市コミュニティ開発事務局による基金が誕生したのである．

　五つ目の要因は，研究チームの結果から明らかなように，アジア諸国には数多くの成功事例があった．バングラデシュのグラミン銀行やフィリピンのコミュニティ抵当事業などの成功例は，都市貧困者は貯蓄グループと開発活動を運営する能力があり，返済プロセスを管理できることを示していた．こうした例は，融資開発戦略を通じたコミュニティ開発が可能であり，効率的で大規模な開発に通じることを示していた．過去の事例を学ぶために，複数のグループに加えてタイ住宅公社，経済社会開発局，各種NGOの専門家が参加する現地調査団が編成された．

　最後の要因は，貯蓄信用グループが公式または非公式な形態で農村部のコミュニティに浸透していたことである．多くの場合，貯蓄信用グループは住民自身の貯蓄ではなく，外部の支援に頼っていた．その後，農村基金（Village Foundation）や信用組合が，貯蓄グループのアイデアを積極的に推進した．一部の活動は，従来型の小規模な融資だったが，コミュニティから次第に受け入れられるようになった．「Satcha-omsap（真実の貯蓄）」運動は，1990年代初頭に発展的に拡大したコミュニティによる貯蓄信用プロセスを意味する．地方開発研究所と地方基金は，タイ住宅公社の研究チームに参加して農村開発問題に対応できるように，金融と運営上のノウハウを提供した．中央政府の地域開発省は，それに符合して農村部を対象とした同種の計画を支援した．

2.3.3　UCDOの設立

　以上の要因は1990年代初頭に顕著となり，住宅問題の解決と所得創出を支援するとともに関連組織の代表が参加して，コミュニティ支援の方向性を協議する強力な政府機関を設立する必要性が認識されることになった．前記の要因は，組織構造を規定したわけではないが，多数の分野における開発を支援する組織を設立する正当性を裏付けた．とくに，強制撤去問題を中心とする都市住宅問題を解決する重要性が認識された．強制撤去問題は緊急課題であった．

　融資を提供する必要性，および基金を管理する新たな統治機構の必要性を背景として，住宅問題に対応する新たな機関が設立されることになった．NGOの活動

や，タイおよび他のアジア諸国の都市部と農村部における活動を通じて，新しい機関は貯蓄信用組合であるべきだと判断された．都市部のコミュニティには，2種類の支援が必要なことが認識された．第一は，コミュニティが事業を起こし所得創出機会を得られるように，低所得層に対して低利融資を迅速に提供できる金融制度である．第二は，所得格差の拡大を受けて経済成長の恩恵は国民全体が共有すべきであるとの認識が深まり，社会開発の方向を模索する新しい機関の設立が可能となった．1980年代の経験と実績に基づき，都市開発に関係する公式・非公式の制度のギャップを埋める基金を設立することが決まった．

このように，UCDOは，都市貧困問題に対する新しい手法とプロセスを模索するために設立された．タイ政府は，タイ住宅公社を通じて，独立した意思決定機関であるUCDOを設立する特別プログラムに12億5,000万バーツの回転資金を拠出した．UCDOは，住宅事情を改善するとともに，コミュニティ貯蓄信用グループを設立して，コミュニティ組合に低利融資を提供して，都市貧困コミュニティとの協力関係を強化した．コミュニティ組合の役割は，資金を会員に融資することであった．UCDOは，当初からグループを組織する手法を重視し，個人にではなく融資を申請した都市貧困者が帰属する「コミュニティ」に必ず資金を提供する方法をとった．

2.3.4 UCDOの対応と重要性を増すネットワーク

UCDOは1992年7月に設立されて以来，政府機関，コミュニティ組織，貯蓄グループ，NGO，NHA他の政府機関との協力関係を構築してきた．そして都市貧困コミュニティの開発を積極的に促進するキャンペーンを展開してきた．UCDOは当初から，居住者参加型の草の根運動を支援して，都市貧困者があらゆる活動に参加することを保証した．この基金は，利益拡大を目的として拠出される政府の基金とは異なり，「貧困者を救済するための基金」であり，それを理解した都市貧困者が自ら努力することが期待された．

1997年には，抜本的な調整と構造改革が行われ，UCDOの運営方法は見直しが求められた．なぜなら貧困者が困窮したため，債務不履行が多発するという背景があった．そのため，同時にUCDOの運営が問題視された．返済リスクは，どのように削減および管理すればよいか．返済不能な住民を支援するために，どのように地域組織を強化すればよいか．融資が不適切な場合はどのようなケースか．

貧困者に良好な開発手法は何か．それを特定して実現するにはどうすればよいか．経済危機から浮上したこうした問題を解決するには抜本的な変革が必要だった．また，一方では，UCDO が支援する都市コミュニティ開発プログラムが変更された結果，内在する制約が指摘され，融資制度が再検討されることになった．

運営手続きと開発プロセスは，主として個々の都市と地区の中でコミュニティを形成することで改善された．タイの経済危機と基金設立当初の開発プロセスを反映して，新しいコミュニティネットワークが生まれた背景には，次のような理由があった．

(1) 貯蓄計画が強力になると，コミュニティグループと地方自治体との協力関係が重視されるようになった．同じような経験を経て，何年も活動を続けてきた同じ都市内のグループは，地方自治体が主催する開発会議で相互に知り合った．地方自治体も，開発計画に参加するようになり，自身の役割を拡大しようとした．その結果，都市型ネットワークに発展した．

(2) UCDO が導入した貯蓄計画はタイ全土に分散していた．コミュニティは地区内で協力関係を深め，同じようなコミュニティ間で自助と自己学習を促進する必要がある，と UCDO は考えた．UCDO と開発参加コミュニティは，より強力なコミュニティグループを組織するために，これまでの経験の共有と自身の能力を活用して新しいグループを作り，それを支援したいと考えた．

(3) タイにおける 1997 年から 1999 年にかけて発生した経済（金融）危機により，貯蓄・融資グループを含めた都市貧困者は大きな打撃を受けた．コミュニティの借入金の非返済率は，1995 年の 1〜2％ から，1998〜1999 年には 7〜8％ まで増加し，破綻寸前に追い込まれるコミュニティ貯蓄融資グループもあった．そこで，貯蓄グループを蘇生させるために，UCDO の制度が抜本的に見直されることになった．貯蓄グループの脆弱性は，コミュニティグループ相互の支援体制が弱いことが原因であると認識されるようになった．したがって，コミュニティ相互の協力体制が必要であることが強く認識された．コミュニティが債務により脆弱化しないようにするには，返済責任を居住者個人ではなく，共同体が負うことが重要であった．こうした知見と経験を踏まえて，UCDO はグループがネットワークを通じて相互に協力できる新しい方向を模索して，ネットワークが債務返済を管理し，監査能力を向上できるように支援することにした．

(4) 同時に，1996 年以降に導入された UCDO による支援策と計画には，単一

のグループではなく，ネットワークを対象として，その意思決定と活動を支援するものもあった．コミュニティ主導型の環境開発活動やコミュニティ福祉計画が，その一例である．新しい方式は，コミュニティが社会基盤，コミュニティ住宅計画，教育，健康，福祉など，多数の大型プロジェクトを実施する上で非常に効率的であることが実証された．これらのプロジェクトは生産性と拡張性に優れていた．コミュニティのネットワーク化が進むと，ネットワーク化を望むコミュニティが増加した．

以上のように，UCDOが果たした重要な役割は，同じ都市と地区にあるか，同種の開発計画や共通の関心をもつ都市貧困者と貯蓄グループの協力関係を強化して，コミュニティネットワークを形成したことであった．ネットワークは，国全体，地域，都市，地区などあらゆるレベルで形成された．ネットワークは，地主，強制撤去，コミュニティ企業部門，商取引，福祉などで同じ関心と問題をもつグループによって形成された．コミュニティネットワークに関する規定は存在しなかったが，ネットワークは，グループ独自のニーズ，目的，状態，さらにそうした問題に対するコミュニティ住民の関心と能力に基づいて形成された．

このように，コミュニティのネットワーク化は，自己学習，経験の共有，モラルと意欲の向上などで醸成されることで，大型開発プロジェクトすなわちコミュニティ全体の居住環境整備を推進する大きな力となった．貧困者グループは，ネットワークを通じて，大きな自信を得た．コミュニティのネットワーク化は，あらゆるレベルで多様な形態で実現された．都市貧困コミュニティのネットワークを通じて，既存の諸計画は全国規模の都市貧困開発プロジェクトを支援するコミュニティ主導型の開発手法となった．ネットワークは，宮沢ファンド（Miyazawa Community Revival Loan Fund）*の債務返済問題を管理する重要な役割を果たすこととなった．

*経済危機により困窮する貧困者を対象として，貯蓄計画を支援する基金である．基金は日本政府がタイ政府に年利1%で提供した．コミュニティ内グループの債務返済と所得創出計画の実施を支援する．ネットワークは金利5～6%で資金を融資している．困窮する貧困者を救済する福祉基金でもある．

2.3.5　UCDOからCODIへ

タイのコミュニティ開発は，まず都市貧困層を含むコミュニティの開発から始まったが，2000年に農業基金が注入されUCDOからコミュニティ組織開発機構

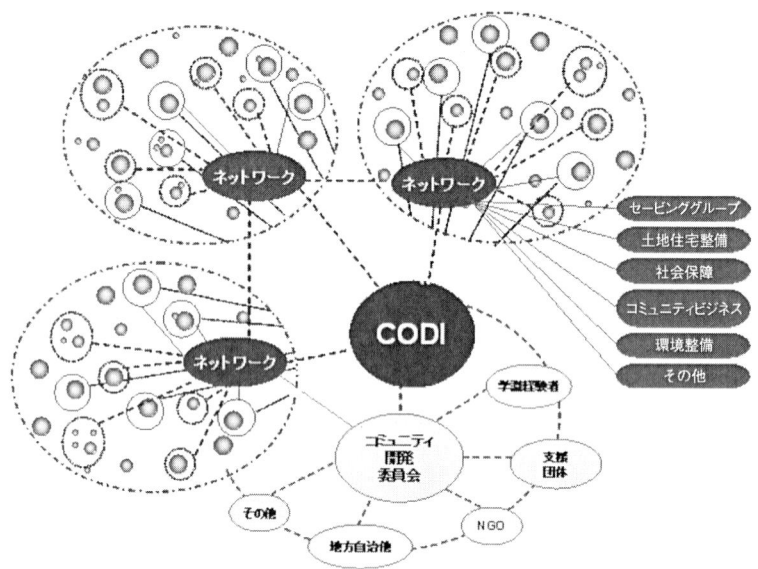

図 2.1 CODI 推進のコミュニティネットワーク（出典：CODI）

(CODI）に改組された．その設立理念は大都市だけではなく，全国のコミュニティ開発へと変更になっている．そこで一貫して実施されている開発手法は，コミュニティネットワークを通した開発である（図 2.1）.

CODI が主導するコミュニティ開発手法であるバーン・マンコン・プログラム（Baan Mankong Program）は，国際機関等の支援を受けて，タイ・バンコクに拠点を置くアジア居住権連合（Asian Coalition for Housing Rights：ACHR）によって 2009 年よりアジアを中心にその手法は，ACCA (The Asian Coalition for Community Action Program) プログラムとして紹介され，根を下ろし始めている．

2.4 タイのコミュニティ開発と内発的発展

1990 年代以降のタイにおけるコミュニティ開発の特色は，マイクロクレジットをベースとした貯蓄グループの組織化と開発対象コミュニティ間のネットワーク化を推進したタイ独自のコミュニティ開発手法である．2000 年代に入りコミュニティ開発の推進役をつとめてきた UCDO が，2000 年に農業基金が追加されて改

組されCODIとなり，コミュニティネットワークを通した開発が強力に推進されることになった．2003年からそのコアプログラムであるバーン・マンコン・プログラム（Baan Mankong Program：BMP）のパイロットプロジェクトが全国10か所で始められた．一方，タイ住宅公社（NHA）も2006年からバーン・ウアトン・プログラム（Baan Eur-Arthorn Program：BEP）をスタートさせ，低所得層（世帯月収が15,000バーツ以下の世帯）に優先して住宅を分譲または賃貸する制度を始めた．

　ここで取り上げるSコミュニティは，火災を契機にコミュニティの再開発を進める上でBMPとBEPを選択した世帯，とりわけBMPによる開発の経緯とその結果について述べる．

2.4.1　コミュニティ開発の契機

　Sコミュニティは，バンコク都の商業と金融の中心市街の1地域であるサートーン（Sathorn）通りに隣接するコミュニティである．交通至便の環境に加えてコミュニティ住民の多くが従事する露天商の商圏であるシーロム（Silom）通りにも至近距離に位置している．

　このコミュニティの土地は財務省が所有する国有地であったが，1970年代半ば頃から建設業の日雇い労働者達が住みつくようになったのが契機となり，結果的にスラム化（第3者の土地を不法占拠し住み着いたが，後に地権者と借地契約を結んで住み続けている状態）が進んだ経緯が認められる．その後最も多くの住民

図2.2　火災直後のSコミュニティ（筆者撮影）

が居住するようになった時期には少なくても1,200世帯が生活していた．その多くは，日雇い労働者，露天商，資源ゴミの収集，タクシー運転手，オートバイタクシー運転手などインフォーマルセクターに依存する低所得層の住民がほとんどである．

ところが，2004年4月23日に漏電が原因の火災が発生し，全世帯が焼け出された．過密な居住形態に加え，可燃性の高い建材による素人建築物が大半であったため，火の回りが速く全焼を免れることはできなかった（図2.2）．

2.4.2 コミュニティの再開発

この火災で焼け出された住民の多くは，行き先を失った上に収入の道も断たれる結果となった．火災直後，政府は財務省，社会開発人権保障省，およびNHAに対策立案を指示し，住民に当該地域の土地に居住することと長期間の契約を締結し住み続けることを認める内容の決定を行った．

加えてCODI，NGO等が政府当局に掛け合ったことで，いち早く緊急避難的措置がとられ，コミュニティ近くの公園にテント村が設営され，焼け出された住民はそこに身を寄せることができた．

火災後のコミュニティ開発には，政府機関に加えバンコク都庁，地域行政諸機関，国内外のNGO，さらにバンコク・コミュニティ・ネットワーク，CODI，NHAとSコミュニティ住民が参加して，再開発のための話合いを定期的に開催する体制がとられた．

このコミュニティの所在する土地所有者である財務省は，火災前から当該地域の再開発を検討していた．CODIが既にコミュニティにアプローチし，BMPの紹介と実施に向けてのプレゼンテーション等を行っていたが，住民を入れた話合いの結果，CODI主導のBMPとNHA主導のBEPの2つの選択肢が提示された．

BEPは，NHAが建てる5階建ての集合住宅の1ユニット当り33 m^2（1世帯分）を340,000バーツで買い取ることが求められた．分割で購入する場合は15年以内に完済することを求められた．区分所有の権利を買うわけであるが，条件として1世帯の月収が15,000バーツ以下であることと定められた．分割による権利取得のための月々の返金は，5階建て5階部分の1ユニットは1,500バーツ，以下4階は1,600バーツ，3階は1,700バーツ，2階は1,900バーツ，1階は2,000バーツになっている．また，ユニットの所有権は5年後には売却できるとなってい

図 2.3 BEP による集合住宅（筆者撮影）

る（図 2.3）．

BMP は，火災以前から当該コミュニティに紹介されていて，CODI がファシリテーター役を担っていた．こちらのプログラムは，住民が主体となり土地利用，住居のデザイン等を CODI の若手建築家とともに相談をしながら計画を進めていく方法がとられた．

BMP の導入と住民の対応については次項以降で詳しく報告するが，S コミュニティの再開発は，焼け出された住民 1,200 世帯のうち 3 割は転出してしまい，残りの 7 割に当たる 822 世帯がこれまで居住していた同じ土地において（on-site），再建築（reconstruction）の手法で再開発に取り組んだ結果である．

2.4.3 住民主体の開発—バーン・マンコン・プログラム—

S コミュニティの再開発は，火災後当該地域に残った 822 世帯が BEP か BMP のどちらかのプログラムを選択して再居住を目指すことになった．BEP が住民の組織化がないのに対し，BMP は貯蓄グループの組織化から始まる住民主体の開発である点が特色である．

BMP は住民主体の手法であると述べたが，CODI がファシリテーターをつとめることによって住民の自律的な参加が期待できる点が，特筆すべき点である．まず，住民が自ら会議を運営し，CODI の建築家が専門家として開発の手法をわかりやすく説明し，区画の整理，住居の設計，共有スペースの整備費用，住居建設

図 2.4 BMP による長屋住居（筆者撮影）

費用の計算と借入れ方法についても順を追って説明していく．その過程で住民は相互に話合いを深め，コミュニティに適したサイズの計画を立案していく．同時に資金の借入れに必要な準備を進めるため，貯蓄組合を設立し参加住民の月々の積立金額（最低 100 バーツから）を設定していく．資金の借入れで注意をしておきたい点は，住民個人が借り入れるのではなくコミュニティが借入れの主体であることである．したがって負債の責任はコミュニティ全体で負うことになる．仮に負債の返済に滞りが生じた場合は，コミュニティがその責を負うことになるわけである．

さて先に触れた 822 世帯のうち 558 世帯は BEP を，264 世帯は BMP をそれぞれ選択した．BEP 選択世帯は，NHA が建設する集合住宅の完成をただ待つだけで，2009 年 4 月までかかった．それに対し，BMP 選択世帯は，2004 年 5 月からプログラムにとりかかり 2008 年 3 月には 4 階建てアパートを除く長屋住宅が完成し入居が完了した（図 2.4）．

2.4.4 バーン・マンコン・プログラムのプロセス

火災の翌年 2005 年 4 月までに BMP 選択世帯は，CODI の仲介を得ながら，既に同プログラムを取り入れて開発に取り組んでいるコミュニティたとえばバンコク都内の幹線道路，ラマ 4 世通りに隣接するボンカイコミュニティの事例についてコミュニティネットワークを通して同プログラムの進め方等の指導を受けるこ

とで，自らのコミュニティ開発に自信を積み上げていった．

　264世帯はまず15世帯ずつの14サブグループに分けられ，それが1棟の長屋住宅（ロングハウス）に居住する世帯となっている．つまり長屋住宅の1棟には15世帯が入居することが基本となる．サブグループ決定には，建築費用の負担額によって分類が異なった．住民が設計した住居は，3階建て住居，2.5階建て（屋根裏部屋つきの2階建て）住居が中心で，床面積は100〜62.5 m^2 となっている．建築費用は，360,000〜215,000 バーツとなった．上記以外の54世帯は，一つのサブグループ（12世帯で構成）として2階建ての長屋住宅を選択．残りの42世帯は，床面積20 m^2 の4階建て集合住宅の建設を選択した．すなわち16のサブグループができた．

　それぞれのサブグループは1棟の隣組を形成しており，それが基本単位となって貯蓄グループをつくり，積立金のとりまとめを行った．住宅完成後は，このグループで返済金の取りまとめ，住民互助組織，さらにはコミュニティ全体の住宅協同組合のサブグループとしての機能をもっている．また，コミュニティの環境保全，住民の収入安定化のための勉強会，教育，文化活動（伝統的行事の実施），青年健全育成，老人会など住民相互の諸活動の基本単位になっている．

2.4.5　開発プログラムの課題

　火災後の開発に当たり総面積が周辺地権者との話合いにより2.8ヘクタールに拡大され，その40%がBMPに，60%がBEPに割り振られた．

　BEPを選択した世帯は2009年まで入居が延期された．それに対してBMPを選択した世帯はそれよりも1年以上早く自分の住居が完成し入居が実現した．前者はNHAによる建設完了を待つだけで，コミュニティとしての活動は乏しい状態で推移した．それに対して後者は，再開発の最初から住民一人ひとりが関わり，住宅の完成までのプロセスで住民の参加意識が担保されながら実施されたことがわかる．この意味で，BMPは住民参加型のコミュニティ開発であるということができる．

　BEPの問題点として，住民による住居ユニットの権利の転売の事実が指摘できる．既述のとおり，住民は5年を経過しないとその権利を売却することはできないことになっているが，実際には取得価格の倍以上で売買されていることが2010年11月の調査で確認できている．立地条件がいいので，今後も転売に加速がかか

るものと予測できる．

　一方BMPの問題点として，住宅資金の返済に滞りが出ていることが指摘できる．全世帯の約20%で返済の遅れが出ている．2010年11月の時点で3か月以上返済を怠っている事例が7世帯あり，住宅協同組合は裁判所に提訴する手続きを準備している．どの世帯も明らかに返済可能な収入があるにもかかわらずその義務を果たしていない．当該コミュニティだけの問題ではなく，BMP導入のコミュニティにおいて住宅完成後の借入れ資金の返済行動にどのように縛りをかけるか，その課題はまだまだ大きい．タイ社会に共通するパトロン-クライアント関係のような甘えが，契約履行を妨げる要素となっているのだろうか．成文化した契約社会への転換が問われているように思われる．

2.5　ネットワークを通したタイのコミュニティ開発

　タイにおけるコミュニティネットワークは，最初は小規模の様々な関係構築から始まる．そして定期的な集まりを経てグループ相互の交流を通じて次第に組織を強化，協同へと拡大する段階的なプロセス重視の展開を呈している．CODIではコミュニティネットワークを，複数のコミュニティが相互に連携し都市貧困層の生活改善や居住環境整備の実現機会を増大させることで，インフォーマルセクターとフォーマルセクターの間を媒介する開発の主体として期待している．

　そこで次に，フランスの社会学者A. トレーヌの社会運動論を基底に，タイにおけるコミュニティネットワーク活動を社会運動としてのネットワーク論として考察する．

　社会運動としてのコミュニティネットワークの捉え方としては，社会的コンテキストを軸にしてネットワークを捉えることができる．

　20世紀の社会変容を見るならば1980年代以降のいわゆるパラダイムシフトをきっかけとして，ネットワークの捉えられ方にも変化が見られた．

　ミッチェル，オグルビー，シュワルツらによると，その変化とは，

① 単純から複雑へ
② ヒエラルキー（hierarchy）からヘテラルキー（heterarchy）へ
③ 確定的から不確定へ
④ 線形的因果関係から相互因果関係へ

⑤ 集合から形態形成へ
⑥ 客観性からパースペクティブへ

とパラダイムシフトが行われていると指摘している．それに伴って，ネットワークの捉え方も垂直から水平へとシフトした．すなわち，「利害の共同に基づく連帯」（国や行政からの要請で行われるコミュニティ開発，トップダウン型）から「アイデンティティと意味の共有」（住民自身が開発へ参加，自助型開発，ボトムアップ型）へとシフトしたと考えられる．つまり，社会運動としてのコミュニティネットワークを考えるとき，「トップダウン型」から「ボトムアップ型」の開発へと，ネットワークが機能を明らかに変えたのである．

社会運動としてのコミュニティネットワークの特質を1980年代以前とそれ以降とに分けて考えると，1980年代以前は社会運動の闘争力を高め，目的を効率的に達成しようとする合理的運動，すなわち階級闘争であったといえる．つまり垂直の力が働いている．それに対して，1980年代以降は目的よりも運動のスタイルやプロセスを重んじ，運動それ自体に意味を付与する．または，新しい価値や文化モデルを創造しながらそれを自ら身につけようとする一般民衆の闘争である．つまり水平の力が働いているといえるのである．

ここで前者を「旧来型の社会運動」，後者を「新しい型の社会運動」と弁別するならば，「旧来型の社会運動」は成功と失敗の効率性を重視する社会運動である．それに対し「新しい型の社会運動」は，メンバーの自己実現やその意味表出プロセスを重視する運動である．メンバーの自律性，個性などを尊重する．そして，今までの産業社会の諸価値，諸原理，諸制度を省み，新しい価値，新しい行動原理，新しい文化モデルを創造する社会運動であるといえる．

また，前者は運動の最終目標やその効率的な達成をねらう合理的運動であり，後者は自己省察（self-reflection）あるいは自己実現を求める「自省的運動」である．そうはいっても，ただ新しい価値や行動原理を唱えるのではなく，自らその価値や行動原理を身につけ実行可能なオルタナティブを学び，その上で日常生活に活かす運動である．

さらに詳しく見るならば，前者は，労働運動としてナショナルセンターに集中しており，効率中心的なヒエラルキー型構造をなしている．それに対し，後者は，運動としては分散しており，強力な中央集権化された組織ではなくむしろ組織網をなしており，その特徴はより水平的なネットワーク構造をなしている．

このように見てくると，タイにおけるコミュニティネットワーク活動の特質は，「新しい型の社会運動」である．新しい社会運動の担い手が受益者である住民であり，都市貧困層であるため，社会の中のマイノリティである．相対的な劣位にあるものが自分のアイデンティティを防衛するためには，そのような構造（貧困）を再生産するような対象と闘うことになる．そして，巨大な管理装置を通じて一定のライフスタイルと社会変革のあり方を強要して，消費者の需要までも生産し，コントロールし，供給に適応させている国家に対し，自らのライフスタイルやアイデンティティの自己決定権を守ろうとする社会運動としてその形を変えてきたのである．

別の見方をすれば，この「新しい型の社会運動」は，参加することによって新しい経験をし，新しい知識を得ることができる．それらが住民に新しい世界に踏み出す力を与えることになる．たいていのコミュニティ住民は，社会の制度や組織から疎外された力なき存在であった．しかし，コミュニティネットワークに参加することで，その力の源となる資源へとアクセスする機会を得ることができ，力，とくに意思決定における自律性を獲得し，貧困から脱出することができるようにその力をつけることができるのである．つまり，住民のエンパワーメントがここに成立するのである．

実際，CODIが組織したコミュニティネットワークは，ボトムアップ型の運動である．そしてネットワークは利害を共有するコミュニティが参加し，それぞれが求めるゴールは異なっているが，共通のゴールは生活・居住環境の整備である．その共通のゴールのためのネットワークが形成され，目的が達成されたらネットワークは解散される．そして，また問題が生じたときには新たなネットワークが組織され，共通のゴールに向かって活動が始まる．

コミュニティネットワーク活動は，問題解決型のネットワークであると指摘できる．そのネットワークは固定的なものと捉えるものではなく，柔軟に次から次へと必要なネットワークが組織され，目的が達成されれば解散するという特質をもっている社会運動なのである．

タイにおいて，都市貧困層のコミュニティ開発にネットワークの考え方がプログラムの一つとして導入され，現実に生活，住宅改善が進められてきた経緯が物語るように，コミュニティネットワークが果たす役割が非常に大きいことが明らかになった．そして，その分析軸を社会運動論と関係づけて論じることにも意義

があるとわかった.

　タイにおけるコミュニティネットワーク活動をネットワーク論として分析を深めていくには，その分析軸として都市社会学的コミュニティネットワーク論の再検証を行い，社会運動論の分析軸とあわせて発展，確立へその道程を進めていくことが考えられる．再検証に当たっては，『リーディングス　ネットワーク論―家族・コミュニティ・社会関係資本』(野沢，2006) に収録されているネットワーク分析の代表的な論文が手がかりとなる.

2.6　お わ り に

　ここでは，タイにおけるコミュニティ開発についてのおさらいをしながらアジアにおける内発的発展のまとめを行う.

　タイの貧困層を含むコミュニティ開発の歴史を振り返ると，1962年のタイ経済社会政策の転換によって産業振興が進み経済成長に加速がついたのをきっかけに，労働人口の都市への集中が起こり，急加速で都市化が進んだことに起因する．政府による住宅供給が需要に追いつかず，また民間アパートの供給も需要を抑えることができなかった．その結果，首都のバンコクではスラム地域が拡大し，1970年代前半には2,000を超えるスラムが形成された．1980年代には政府による強制撤去が進められたが，結局はスラムの解消には至らずむしろその数は増えてしまった．当然政府のスラム対策はその方針転換が迫られ，政府機関を設置して住民主体の開発へと大きく舵を切ったのである．そして，1990年代に入ってUCDOが住民主体，すなわち自助型開発プログラムの普及に乗り出した．その後，2000年代になって改組されたCODIが，大都市のみならず地方都市や農村までをカバーする開発プログラム，バーン・マンコン・プログラムによってコミュニティ開発を推進している.

　UCDO，CODIが推進してきた開発プログラムの特徴は，まず開発を行うのは住民自身であること．公的機関からの借入れに必要な社会的信用は，グラミン銀行のマイクロクレジットの考え方を援用して貯蓄組合の結成によって勝ち取ることができる．小さな力も結集することで大きく強固になるので，開発を進めるコミュニティはネットワークを組織する．コミュニティネットワークで，開発のための知識や経験を共有したコミュニティ住民は，既存の法律の範囲内で地域のイ

ンフラを整備したうえで，土地，住宅の取得を目指す．目標が達成されれば，住所が確定し行政サービスが受けられるようになる．借入金の返済，土地・住宅の管理など，コミュニティ住民は住宅協同組合を組織して自治をスタートさせるのである．

　このようにタイにおけるコミュニティ開発は，1990年代以降そのプロセスを捉えると，本章で考察してきた内発的発展の定義，すなわち「発展のプロセスと目標を実現する社会の在りようと，人々の暮らし・生活は，それぞれの地域と人々の集団（住民）が，固有の自然生態系に適合し，文化遺産（伝統）に依拠して，外来の知識，技術，制度などを照合しながら，自律的に創出すること」に通じる点が多々あることがわかる．

　今日，タイのコミュニティ開発の手法は広くアジアの発展途上国に，開発の手本として拡大している．その自助型コミュニティ開発プログラムはACCAプログラムとして，インド，パキスタン，ネパール，カンボジア，ベトナム，フィリピン，モンゴル，韓国において積極的に受け入れられて開発が進められている．バンコクに本部を置く国際NGO，アジア居住権連合（ACHR）がACCAプログラム普及の媒介役を務めている．国や地域よって歴史や伝統が異なるので，タイとまったく同じ方式でコミュニティ開発が進められるわけではないが，地域住民が主体的に，地域の自然環境に配慮した「自助」の開発，人々と地域の発展が推進されていることは確かである．ACCAプログラムが起爆剤となって，多くの開発プロセスで培われた知識や経験がネットワークによって共有され，アジアにおけるより効果的な開発手法が構築されることが期待されている．

参 考 文 献

1) アンソレーナ，J.：世界の貧困問題と居住運動―屋根の下で暮らしたい，明石書店，2008
2) 末廣　昭：タイ　中進国の模索，岩波新書1201，岩波書店，2009
3) 末廣　昭：タイ　開発と民主主義，岩波新書298，岩波書店，1993
4) 鶴見和子：日本を開く―柳田・南方・大江の思想的意義，岩波書店，1997
5) 鶴見和子：内発的発展論の展開，筑摩書房，1996
6) 鶴見和子，川田　侃編：内発的発展論，東京大学出版会，1989
7) トレーヌ，A.：脱工業化の社会，河出書房新社，1970
8) トレーヌ，A.：ポスト社会主義，新泉社，1982
9) トレーヌ，A.：声とまなざし，新泉社，1983

10) 新津晃一：スラムの形成過程と政策的対応,「アジアの大都市」, 日本評論社, 1998
11) 野沢慎司編：リーディングス　ネットワーク論―家族・コミュニティ・社会関係資本, 勁草書房, 2006
12) ミッチェル, オグルビー, シュワルツ：パラダイム・シフト（吉福伸逸他訳), TBSブリタニカ, 1987
13) 安田　雪：パーソナルネットワーク―人のつながりがもたらすもの, 新曜社, 2011
14) 安田　雪：ネットワーク分析―何が行為を決定するのか, 新曜社, 1997
15) Phonchokchai, Sophon：Bangkok Slums, School of Urban Community Research and Actions ; Agency for Real Estate Affairs, 1992
16) Boonyabancha, Somsook：A Decade of Change: From the Urban Community Development Office to the Community Organization Development Institute in Thailand, IIED, 2003
17) Takahashi, Kazuo：Suggestions for Formation of Sustainable Human Settlements : A Case Study of Community Network Activities in Ayutthaya, ENDOGENOUS DEVELOPMENT FOR SUSTAINABLE MULTI-HABITATIONS IN ASIAN CITIES, 2004

コラム1. ホームレスネットワークによる「適切な住まい」への取組み
― タイ・ホームレスネットワークの事例より ―

長年，スラム・スクワッター地区などの都市貧困層においては，安定した借地契約，住環境の改善など，人々が安全に，安心して，かつ尊厳をもって住める場としての「適切な住まい」を如何に成し遂げるかが課題となっている．この都市貧困層による「適切な住まい」の獲得に対する取組みは，グラミン銀行（バングラデシュ），オランギー（パキスタン），CMP（フィリピン）などに見られるようにその蓄積がされつつある．とりわけタイにおいて，同じ問題を抱えているコミュニティが結びつき，相互の連帯をもとに協同で問題解決に向けて取り組むコミュニティネットワーク（以下ネットワーク）を活用した開発が活発に行われている．このネットワークを活用した開発によって，近年では，都市貧困層の中でも最も劣悪な環境下の生活を余儀なくされている野宿者によって組織されているホームレスネットワークの活動により，借地契約の締結やシェルターの建設など，「適切な住まい」の獲得に対する取組みが行われている．こうしたことを踏まえ，本コラムでは，近年注目を浴びているタイのホームレスネットワークの活動について紹介する．

ホームレスネットワークは，HSF（人間居住財団）や当時POP（現COPA：参加のためのコミュニティ組織）などのNGOによって組織された4地域スラムネットワーク加盟ネットワークの一つである．同ネットワークの設立の経緯として，2001年8月に野宿者が多く居住している王宮前広場からバンコク都が野宿者を強制撤去する旨を通告したため，多くの野宿者が行き場所を失った経緯から，HSF，4地域スラムネットワークなどが野宿者間でのネットワークの設立を働きかけ，同年ホームレスネットワークが設立された．

2011年9月時点で，バンコクに2か所のシェルター（タリンチャン，バンコク・ノーイ（図A）），1か所の簡易宿泊所（モチット），チェンマイに1か所のホームレスセンター（借家）がメンバーとなっている．バンコクにある各施設の建設は，HSF，ホームレスネットワークの住民などの協同で建設されている．その中でもバンコク・ノーイシェルターは，地主である鉄道局との間で借地契約を結んでおり，シェルターの建設後同地の住所登録が可能となっている．これにより，子どもがいる世帯では学校に通うことが可能となっている．シェルター内の電気代および水道代は住民によって支払われており，シェルターの維持管理が住民によって行われている．各施設に居住している住民は，原則としてホームレスネットワークの活動に参加をすることが義務づけられている．これは，野宿者が同ネットワークの活動を通して活動能力の向上や意識化を促し，様々な自己実現に向けた取組みができるようにとのHSFの活動方針によるためである．加えて，各施設では住民同士のトラブルを避けるために，宿泊所での飲酒の禁止や住民自らシェ

図A　バンコク・ノーイシェルター　　　　図B　ホームレスネットワークの集会

ルターでの決まりごとを決め，それを守ることが住民に義務づけられている．

　ホームレスネットワークの活動は，2011年9月時点で所得創出活動や，土地取得および講を目的とした貯蓄活動が行われている．加えて，野宿者への支援として，コーヒーと薬をもって野宿者自身がホームレスの健康状態のチェックや宿泊所やシェルターの紹介などを目的とした夜回り活動が行われている．活動発足当初は，HSFのスタッフが同行する形で行われていたが，活動を継続するに従い，両施設の居住者のみでの活動が可能であるとの判断から2011年9月時点では，ホームレスネットワーク住民のみで行われている．ネットワークでは，各シェルターおよび簡易宿泊所の状況の把握やホームレスネットワークの活動の状況などの情報の共有などを目的として，月1回バンコク・ノーイシェルターで集会が開催されている（図B）．同ネットワークは，継続して適切な住まいに対する取組みを行っており，2011年9月時点で，モチット簡易宿泊所の近隣に新たなシェルターの建設が行われている．

　本コラムの事例から，野宿者でもネットワークを組織化し，協同で取り組むことで，彼ら彼女らの懸案事項である「適切な住まい」の獲得や教育へのアクセスの獲得などにつながっていることが見て取れる．つまり，ホームレスネットワークへの活動参加，定期的な集会，各施設の維持管理を主体的に行うことで，当該住民のエンパワーメントが図られたためであると考えられる．本コラムの事例は，他の開発途上国の開発や内発的発展の議論をするうえで，有益な示唆を与えているものと考えられる．

コラム2．タイにおけるマイクロクレジットを基調とした「コミュニティ開発」の展開

　本コラムでは，「マイクロクレジット」を零細規模の商業・運輸・サービス等の自営業の起業，基盤整備，住宅改善など，コミュニティ開発を遂行していくための内発的発展のための手法として位置づける．マイクロクレジットは，低所得者層を対象に，「信用」

を担保とした小規模融資の仕組みである．今日，ムハマド・ユヌス氏が 2006 年に受賞したノーベル平和賞をきっかけに，バングラデシュのグラミン銀行の手法は，世界的にその活動内容が広く知られるようになっている．

マイクロクレジットは，住民主体の開発理念や内発的発展を目指していくうえで有効な手段であることは当事者や専門家に十分に理解されており，積極的に評価していく必要はもはやないだろう．そこで本コラムでは，タイのセルフヘルプ住宅の現場より，マイクロクレジットを基調とした住環境整備事業を紹介し，今後の方向性を示唆したい．

本コラムで対象としたタイでも，開発が進む他の諸国と同様の経過をたどっている．1960 年代，都市部に見られる低所得者層のコミュニティの増加を背景に住宅不足が指摘され，この問題を解消していくため，1973 年には，タイ住宅公社（NHA）が設立された．NHA により，公共集合住宅の建設を開始し，1970 年代後半から 1980 年代にかけて，サイト・アンド・サービス（site and service）や土地分有事業（land sharing）などの特徴的な事業が取り入れられたが，公共主導の限界により，根本的な居住問題の解決には至らなかった．こうした背景を踏まえ，1980 年代後半には公共主導のハード整備重視から，マイクロクレジットの導入に見られるようなインセンティブを活かしたエンパワーメント・イネーブル政策へという転換が見られる．

2003 年には，コミュニティ組織開発機構（CODI）の支援を受け，タイ全国の低所得者層 2,000 のコミュニティ，30 万世帯を対象に，現存する土地所有問題を解決し，住宅，基盤整備等の改善等を目的としたバーン・マンコン・プログラム（BMP，図 C）が開始

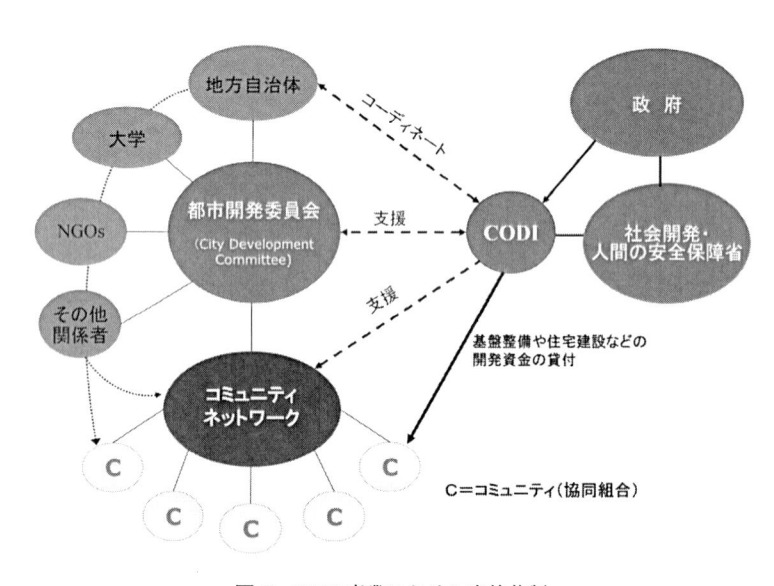

図 C　BMP 事業における実施体制
出典：Somsook Boonyabancha（2005）をもとに筆者作成

されている．この大規模なセルフヘルプ住宅の事業においてもマイクロクレジットを基調とした開発が進められている．1990年初期から現在に至るまで，CODIの推進するコミュニティ開発にマイクロクレジットを基調とした方法が導入されている．そのねらいについて，元CODI所長のSomsook Boonyabanchaは，「住民の活動を支援・促進させるものであり，その基本的戦略は，貯蓄活動を端緒としてコミュニティの組織化と自主的な運営能力を高めることにある」と説明している．つまり，行政と低所得者層との間で連携を図りながら，コミュニティの貯蓄活動を通して，住民の組織化と維持・管理等のマネジメントを向上させるというものである．

マリー・ケオマノータム（2008）[1]によると，具体的なBMP事業の実施過程は，第1段階としてコミュニティ住民の合意形成，第2に貯蓄活動への参加，第3に住民による役割分担の明確化（協同組合の設置，小規模住民組織の組織化），第4にコミュニティの基本調査の実施，第5に住民間における居住をめぐる権利の調整と確定，第6にコミュニティと住宅建設計画の策定，第7にコミュニティと住宅建設計画の実行，第8の最終段階ではコミュニティのマネジメントの確立，といったプロセスを踏まえて事業が進められている．とくに，上記の第3段階に示されるように，小規模住民組織の組織化をすすめている．この点は，グラミン銀行の手法と同様であるが，CODIの推進する住環境整備事業において，小規模住民組織を単位とした方法が導入されたねらいは，事業を円滑に実施するに当たって必要となる①事業を理解し協力を得るための住民間のコミュニケーションの向上と，②事業効率を上げるためのグループでの世帯やコミュニティの基礎調査，貯蓄活動，住宅ローン返済の徹底化[2]と，③貯蓄活動に参加できないなどの理由により，事業から排除されていた最貧困層への対応，が挙げられる．

以上のように，タイのコミュニティ開発においても，マイクロクレジットは基本的戦略として位置づけることができる．マイクロクレジットは低所得者層を対象にその活動が展開されてきたが，経済的制約から貯蓄活動への参加が難しい最貧困層の人びとは，自らの住んでいる場所が再開発される場合，未だに強制撤去させられている事実がある．そこで，住環境整備事業の中で組織化された小規模住民組織のように，グラミン銀行の小グループを進化させたような新たな役割と機能を備えた仕組みづくりが必要なのである．

参 考 文 献

1) マリー・ケオマノータム：バンコクのスラムにおける住宅問題と住民参加プロジェクト─「永住の家」プログラムをめぐって─，宇都宮大学国際学部研究論集，第26号，pp.73-81，宇都宮大学，2008
2) CODI：バーン・マンコン・プログラムの手引き：基金の管理（タイ語），2009

3. 経済学から見た内発的発展
―開発経済学の変遷をめぐって―

3.1 は じ め に

　1990年代の冷戦終結以降，急速に進展したグローバル化や発展途上国の民主化，市場主義化などにより開発経済の動向は大きく変化している．1980年代に世界銀行（世銀）や国際通貨基金（IMF）により推し進められた構造調整（structural adjustment）は途上国経済開発促進には必ずしも効果的ではなく，また途上国の不平等を拡大し貧困削減は実現せず不調に終わった．また，先進諸国も財政的な逼迫にあえぐなか，開発援助に対する効果がはっきりしないため開発途上国への援助が消極的になるという「援助疲れ」と呼ばれる状態に陥った．こうしたなか，ドナーである先進諸国は，限られた援助資金の有効性や援助対象を絞る援助の選択制などの他に援助の受入れ国の意思決定過程や制度といったガバナンスへの注目を高めている．とくに，1990年代半ば以降途上国の財政管理改革が援助国の支援のもとに本格的に開始されるとともに援助の枠組も従来のプロジェクト型援助からプログラム援助への移行が進んでいる．また，グローバル化の進展とともに不平等が拡大し環境破壊が進む傾向が見られるが，こうした動きに対して内発的発展と呼ばれる途上国内の地域において非営利的な市民活動などを重要なアクターとし地域独自の文化や環境を尊重した自立的な経済開発が注目を集めている．内発的発展は地域性を生かした経済的発展を志向し，従来の新古典派的な一元的経済発展とは一線を画した多元的な概念である．

　こうした近年の開発経済に関する動向の背景には開発に関する経済学のアプローチの変遷が見られる．例えば，1980年代の構造調整プログラムの背景には新古典派経済学がある．途上国の発展の障害となっているのは過大な政府の介入であるとし，民営化を中心とした構造改革を政策として実施したが多くの途上国では

成長が停滞し貧困が増大した．1990年代になるとこのような事態を受けて，新制度派が台頭し，開発経済における制度や組織，ガバナンスを重視する傾向が強まった．

本章ではまず，1950年代から現在に至るまでの開発経済の歴史とそれを支えた経済学のアプローチを紹介する．こうした開発経済をめぐる経済学の変遷を踏まえて1990年代以降重要性を増す内発的発展の特徴と意義を述べる．最後に今後の経済学から見た内発的発展を展望し結論を述べる．

3.2 開発経済学の変遷

本節では第2次大戦後の途上国の開発経済と，それを支えた開発経済学の変遷を概観する．

3.2.1 構造主義（1950～1960年代）

1950年代から1960年代にかけては構造主義（structuralism）が開発経済学の主流であった．構造主義とは端的にいえば発展途上国の経済は先進国の経済と構造的に異なっているという考え方である．いわゆる南北問題と呼ばれる開発途上国（南）と先進国（北）の経済格差は，この経済構造の違いによるとされた．貧困を生み出す開発途上国固有の問題を明らかにすることが課題とされた．先進国では市場メカニズムが機能しているのに対して，開発途上国では市場が未発達（市場の失敗）であるため政府の介入による工業化の推進が必要であるとされた．

また，構造主義では第一産品を主要輸出品とする途上国の経済構造は経済が成長経路に乗ることを阻んでいると考え（輸出ペシミズム），途上国の供給サイドの制約，とくに資本の不足が経済発展を阻害しているとし，経済発展を軌道に乗せるためには貯蓄や投資の増大，あるいは資本の蓄積により工業化を達成することが重要であるとしている．さらに資本の不足に加えて外貨の不足も制約となっていると考えられた．すなわち外貨が不足しているために，途上国が工業化するために必要なものを輸入することが阻まれるということである．

貿易や投資に加えて開発援助はこうした資本不足や外貨不足を緩和するとされた．いったん経済が成長軌道に乗るとトリックルダウン効果（trickle-down effect）により成長の恩恵がやがてはその国全体にあまねく行き渡り，貧困の問題

は自動的に解決されるとされた．

この時期の開発援助の中心はインフラ部門であり，運輸，発電，灌漑，通信などに投資がなされ経済成長のための前提条件を整えようとした．

金融面から見ると，この時期は先進国から途上国への資金は政府と政府の間の取引が中心であった．贈与や借款という先進国から途上国への公的な資金の流れが中心であった．すなわち政府が直接的に金融取引に関わったといえるだろう．

1950年〜1960年代（構造主義）
・途上国と先進国の経済構造は異質であるという認識
・供給サイドの制約（とくに，資本，外貨の不足）が問題
・トリックルダウン効果
——→援助の中心は，運輸，発電，灌漑，通信などのインフラ投資

3.2.2 改良主義（1970年代）

1960年代には先進国と途上国の間の経済格差が拡大した．ヨーロッパや日本をはじめとした先進諸国は順調な経済成長を達成した．しかし，途上国の発展は期待されたほどではなく，この時代は「失われた10年」などと呼ばれた．途上国の国内でも格差が広まり，多くの途上国では絶対的貧困は解消されずトリックルダウン仮説に疑義が呈された．このように経済成長至上主義では貧困の問題は解決できないという見方が広まった．

こうしたなか改良主義と呼ばれる政府の役割を重視する考え方が登場し，途上国に不足しているのは人的資本の投資，雇用の増大，貧困を減らすための再分配政策であるとの見方を示した．国際労働機関（ILO）は貧困問題を雇用問題として捉え，途上国において働く機会と生産的労働を増やすことが重要な開発戦略であると主張した．失業だけではなく，働いても最低生活水準を維持できないような層がかなりの比率で存在することが問題であると指摘した．ILOは経済成長を継続させながらも，成長分の国内での分配を考慮し生産的な雇用を増大させるような投資を行い，経済統合により成長の成果が行き渡るようにして国内の格差を是正することを提唱した．

一方世界銀行は1968年にマクナマラ総裁が就任後1981年に退任するまで理想主義と呼ばれる時代に入った．マクナマラは1973年の講演で過去10年間に先進国は経済成長を遂げたものの途上国内では格差が広がり，多くの人々が絶対的貧

困に苦しんでいることなどを述べた．世銀は従来のインフラ資本への投資から農村と都市の絶対的貧困を撲滅するために，人的資本の開発と教育，健康，安全な水，栄養，家屋などのベーシックヒューマンニーズ（basic human needs）の充足を中心とした援助を行った．

こうした国連エコノミストを中心とした改良主義の主張は，開発を人間の生活と結びつけることに特徴がある．絶対的貧困，所得分配，失業，社会的弱者といったものに目を向け，雇用促進のための経済成長や貧困層への再配分を志向した経済成長などの戦略が提示された．

また，この時代に新国際経済秩序（New International Economic Order：NIEO）形成運動が展開された．これは1973年の第1次オイルショックを機に，歴史的に形成された先進国による途上国に対する支配・被支配関係を求める運動である．NIEOはとくに，国際貿易，国際金融，技術移転の分野での根本的な再編成を求め，1974年の国連資源特別総会においては「新国際経済秩序樹立に関する宣言」が採択された．

金融面では第1次オイルショックにより原油産出国が多大な外貨を獲得し，こうした資金が先進国の銀行を通じて途上国政府や企業へ貸し出されることとなった．公的資金とともに民間の金融機関による途上国への資金の流れがこの時期に形成された．民間金融機関の重要性が増したが，途上国への貸付けの多くはドル建ての変動金利であったため，1980年代に入りドル高と金利の上昇により途上国の累積債務問題を招いた．

1970年代（改良主義）

・成長至上主義の反省
・雇用の促進を重視
・成長からの再分配
・ベーシックヒューマンニーズの充足
・新国際経済秩序

3.2.3 新古典派（1980年代）

1982年にメキシコの債務危機が顕在化すると，途上国の累積債務問題の深刻さが明らかになり，この問題への対処が途上国の最優先の課題となった．改良主義の唱える絶対的貧困の絶滅，ベーシックヒューマンニーズの充足といった理想主

義的な理念や NIEO の動きも後退し，国際金融システムの崩壊を阻止することが喫緊の課題となった．こうした国際金融システムの危機に対して構造調整 (structural adjustment) 主義が台頭する．IMF や世銀が中心となった構造調整主義は新古典派によるアプローチで市場メカニズムを重んじるもので，途上国においても市場は十分に機能すると考え，政府による介入が発展を阻害している（政府の失敗）とし，規制緩和と民営化を中心とした市場の自由化が開発の鍵であるとされた．IMF や世銀は累積債務問題に対処するために，途上国に対し政策の変更を前提とした国際収支支援を行った．

この時期英国ではサッチャー政権，米国ではレーガン政権が樹立され，新古典派経済学を背景とした市場主義的政策が主流となっていく．1980 年代には世銀や IMF による構造調整が援助の主流となり，新古典派はこれを支える経済学的背景となった．途上国の債務危機や 2 度の石油ショックに起因する途上国の国際収支不均衡の問題は一時的なものではなく中長期にわたる構造的なものとされ，途上国への借款供与にあたってはコンディショナリティと呼ばれる融資条件を課し，途上国の政策改善を促し，経済調整の状況をモニターすることとした．この時期 NIES（台湾，韓国，香港，シンガポール）は輸出志向の工業化戦略が奏功し経済成長の軌道に乗ることができたが，その他の途上国では構造調整による経済成長の加速による貧困の削減という目標は達成されることがなく，不平等の拡大を招いた．また，コンディショナリティには多くの政策が記載され，途上国はコンディショナリティを満たすことが自己目的化してしまい，途上国政府のオーナーシップを阻害することとなった．

金融面では証券化と呼ばれる現象が起きた．1982 年に起きた累積債務危機に際して，先進諸国の銀行は途上国に対して貸出し債権を証券化しこれを投資家に対して売却した．こうした証券投資には必ずしも銀行が介在する必要はなく，こう

1980 年代（新古典派）

- 累積債務問題への対応
  ⟶ 世銀・IMF による構造調整主義の台頭
- 緊縮財政・金融政策によるマクロ経済の安定
- 経済の自由化，民営化による効率の向上
- 東アジア NIES（台湾，韓国，香港，シンガポール）の躍進と政府の役割への注目

した証券を通じた金融仲買により直接金融の形態が見られるようになったことが特徴である．

3.2.4 潜在能力アプローチ，人間開発と新制度派（1990年代）

1980年代の構造調整は多くの問題を抱え，途上国はおおむね債務危機や貧困に苦しむこととなった．1990年代前半は旧社会主義国の経済体制の移行やアジア諸国での通貨危機が起こり，こうした問題への対処に追われたが，その後貧困の削減が開発経済の主要な課題として認識されるようになった．

また，著名な経済学者であるアマルティア・セン（Amartya Sen）はケイパビリティ（capability）という概念を提唱し，開発の意味を問い直した．ケイパビリティとは，センによると人々に与えられた潜在的な選択能力であり，人々の基礎的な潜在能力が欠けている状態を貧困とした．そして，開発とは人々の潜在能力を拡大することであるとした．これは途上国の個々人の生活の質や福祉を問うより根源的な人間志向のアプローチである．従来の開発経済は国家を主体とした政策的側面が強かったが，センの潜在能力アプローチは開発の焦点を個々人の福祉に移行するものである．

潜在能力の概念は開発政策にも影響を与え，1990年に国連開発計画（UNDP）は『人間開発報告書（Human Development Report）』の中で潜在能力の概念に基づいた人間開発（HD：Human Development）を「人々の選択の拡大過程」と定義し，人々の選択のうち最も重要なのは長寿で健康な生活を送ること，教育を受けること（あるいは知識を獲得すること），人並みの生活水準を享受することで，追加的な選択として政治的な自由，人権の保障，個人的な尊厳が挙げられている．こうした人間開発を中心とした新たな開発戦略は，開発の目的を経済成長やベーシックヒューマンニーズの充足だけではなく多面的に捉えるものである．

また，1990年代には新制度派と呼ばれる制度や組織の役割を重視するアプローチが影響をもつようになった．新制度派は新古典派の途上国でも市場は十分に機能するとの考えには与せず，途上国では市場が未発達であり経済開発のためには市場を補完する制度や組織，またガバナンスが重要であると考える．政府の役割が再び注目され，政府，市場と制度・組織がそれぞれ独立した役割をもつのではなく，3者の補完的な関係を重視している．

このように1990年代以降の開発経済は市場の失敗に着目し，政府の役割を再評

価するものであるが，政府と他の制度との関係，とくに補完性を強調するものである．Aoki, Kim, and Okuno-Fujiwara 編著 'The Role of Government in East Asian Economic Development' は比較制度分析（comparative institutional analysis）という手法を用いて東アジア諸国の経済発展における政府と市場の補完性について分析を行っている．従来，東アジア NIES の躍進は新古典派アプローチの成功例として捉えられることが多かったが，1990 年代に入ると新制度派的アプローチによる解釈が多く提示された．1980 年代にラテンアメリカをはじめとする途上国諸国の発展が滞ったのに対して，東アジア諸国は躍進を遂げた．これはしばしば「東アジアの奇跡」などと呼ばれている．東アジアの発展に果たした政府の役割については様々な論争がある．次節では東アジアの発展を巡る議論を紹介し，経済発展における政府の役割について検討する．

1990 年代（潜在能力アプローチ，人間開発と新制度派）
・構造調整の反省
・貧困問題の重要性の再認識
・センのケイパビリティ・アプローチと人間開発の概念
・開発における制度，ガバナンスの重要性の認識

3.3 東アジアの奇跡論争と政府，制度の役割

本節では 1990 年代に展開された東アジアの奇跡に関する論争を整理し，開発経済における政府や制度の役割について検討する．3.2.3 項で述べたように，1980 年代には東アジアの NIES 諸国がめざましい経済成長を遂げ，同時に貧困の削減にも成功した．それに対してラテンアメリカ諸国は深刻な債務危機に苦しみ，他の途上国諸国も貧困の削減に期待された成果を挙げることができなかった．

世銀は 1991 年の「世界開発報告」において，政府のなすべきこととして以下の 4 つを挙げた．
① 初等教育，保健衛生，家族計画など人的資本を形成し改善するための投資
② 民間部門の競争を促進するための規制緩和およびインフラの整備
③ 輸入保護撤廃，外資規制緩和による対外開放
④ マクロ経済安定

これらは基礎的政策と呼ばれ，市場経済をよりよく機能させるための施策と捉え

られた．これは市場補完型アプローチ，またはマーケット・フレンドリー・アプローチなどと呼ばれる．

世銀は1993年に『東アジアの奇跡』を発表し，東アジア諸国の発展において政府が積極的に果たした役割を限定的であるが認めた．世銀は政府による基礎的政策による市場の健全な運営に加えて，政府の選択的な介入の有効性について言及した．日本，韓国，台湾などの政府能力の高い国においては，政府が

① 望ましい報酬の設定
② 明確なルールの設定
③ 官僚がレフェリーとなる

ことにより政府主導の企業間競争，すなわち政府が介入したコンテストによる競争原理の創出の有効性が議論されている．具体的な政策としては，輸出実績に基づく低金利融資割当て，銀行の業務成績に基づく支店認可，コスト引下げ目標の達成に対して与えられる税制上の優遇措置などが挙げられる．

東アジアでは多くの国で低金利政策がとられた．信用割当てによる政策金融についても，企業の輸出実績などの経済的基準に基づいて行ったため市場メカニズムに生じた歪みは小さかった．信用割当てによる資金配分の規模や補助率も過大なものではなく，市場介入による歪みは小さかった．

政策金融については，情報の非対称性，規模の経済，外部性などにより生じる市場の失敗を補正するものであった．メインバンクをもたない日本企業は金融機関との長期的関係がなく，情報の非対称性により，優良な企業であっても民間の金融機関から融資を受けられる場合がある．審査能力をもった政府金融機関が融資を行うことにより，その企業の質が保証され他の金融機関からの融資の呼び水になるという効果があった．

鉄鋼業，石炭などの規模の経済の働く素材産業の場合は多くの金融機関が協調して融資を行うことが必要である．政府は政策金融を利用して，ライバル関係にある民間金融機関の協調を実現させた．これは政府による民間企業コーディネーションの例である．

また，機械，金属加工などの強い外部性をもつ産業に対しても政策金融は有効に機能した．

世銀はこれらの政策による市場の歪みは小さく，政府の介入は主に市場の失敗に対するものであると論じた．

このような東アジアで見られた政府による積極的な介入は，どの途上国に対しても適用可能なものではない．多くの国ではこのような政府の介入は腐敗（corruption）を招き非効率な結果を招来する．東アジアにおいては官僚機構や開発金融機関が政治的な圧力や賄賂などの影響から逃れ，市場を適切に補正する政策能力をもっていたからこそ，政府による積極的な介入が功を奏したのである．このように政府が，優秀な官僚機構，健全な官民関係，所得再分配などの高い制度能力をもった場合にのみこのような政策は有効なのである．

1991年の世銀開発報告や1993年の『東アジアの奇跡』では産業政策の有効性は否定されていた．ここで産業政策とは鉄鋼，自動車，コンピュータなどの具体的な業種を設定し，国内での参入制限，低金利，政策金融，優遇税制，補助金，研究開発支援，工業団地など，対外的には輸入制限，保護関税，技術移転，外貨優先割当て，輸出補助金，輸出加工区の設置など一連の政策による産業育成である．日本における鉄鋼，造船，機械，石油化学，韓国における重化学工業などがその例である．しかし，1997年に発行された「世界開発報告」では，はじめて日本や韓国の産業政策が有効であった可能性を認めた．途上国の幼稚産業を国の保護のもとある程度の規模まで育成すること（幼稚産業保護）をはじめ産業政策については様々なトピックがあり，多くの議論がなされてきた．産業政策の有効性についての議論には決着がついていないが，こうした議論を通じて政府の積極的介入についての理解が進んだ．次節以降で説明するように，近年は市場や政府に加えて，ガバナンスや非営利組織や市民活動などの役割が注目されている．こうした議論は政府の役割を深く理解することなしには展開することが難しい．東アジアの発展の研究を通じて得られた政府の役割に関する知見は，以後の開発経済の発展にこうした形でも貢献している．

3.4 現代の開発経済

1990年代以降グローバル化が進展した．グローバル化は途上国にとって経済成長と貧困削減の機会を与える一方，その恩恵を受けることができない途上国も多く生み出し，そうした国々が周縁化し不平等が拡大するという側面ももつ．こうしたなか，現代の開発援助戦略では貧困の削減が中心的な課題となっている．1990年に世銀が『世界開発報告』のテーマに貧困を掲げると1990年代半ば以降

DAC（OECDの開発援助委員会）新開発戦略やミレニアム開発目標（Millennium Development Goals：MDGs）が採択され貧困削減が主要な国際的な政策目標となった．また，近年では貧困削減戦略ペーパー（Poverty Reduction Strategy Paper：PRSP）が世銀とIMFにより用意され途上国借款の際の条件となっている．

また，潜在能力アプローチに見られるように，近年開発課題は多様化し単なる経済成長やベーシックヒューマンニーズの充足に留まらず，社会開発，環境，ジェンダー，制度・組織，参加などが含まれるようになってきている．こうした開発課題の多様化に伴い，開発戦略の策定プロセスには途上国政府，国際機関や先進国などのドナー，市民などが関わるようになってきている．このように開発経済に関わるアクターも同時に多様化し，政府，国際機関やNGO，NPOなどの非営利組織や市民の参画が重要視されるようになった．また，1980年代の構造調整は期待された成果を挙げることができず，成長軌道に乗れない国が多く出た．その結果，途上国側の意思決定過程や制度のあり方に問題があるのではないかという問題意識が生まれた．これは途上国のガバナンス（governance）と呼ばれるものである．こうした開発経済への市民の参画や途上国のガバナンスの問題は途上国の内発的発展と密接な関係をもっている．次節では途上国のガバナンスについて述べる．

3.5　途上国のガバナンス

途上国のガバナンスは通常，行政機能の効果・効率や透明性，説明責任，政権や政策の手続き的な正統性，法制度，社会の構成員の意思決定や執行への参加といったことを指す．1990年代以降先進国は援助疲れの傾向にあり，限られた援助資金を効率的に使うために援助効果の高い途上国を優先的に援助すべきであるという議論が高まった．世銀やDAC，UNDPなどの国際機関は1990年代を通じてガバナンスの重要性を認識するようになっていた．こうしたなか，各国のガバナンスの度合いを測る指標の作成が進められた．これはガバナンス指標と呼ばれ，1999年に最初のものが作成された．この世銀によるガバナンス指標には以下の6つの要素が含まれている．

① 説明責任

② 政治的安定と暴力の不在
③ 政府の効率
④ 規制の質
⑤ 法の支配
⑥ 腐敗の防止

　また，こうして途上国のガバナンスを評価する仕組みを整えるのと平行して，実際の開発援助でのガバナンスが重視される傾向が強まった．世銀はCPIA（Country Policy and Institutional Assessment）と呼ばれる途上国の状況の評価システムにガバナンスの項目が設けられた．CPIAは世銀の融資対象国としての適格性を判断する重要な指標となっている．PRSPのなかでもガバナンスに関連する項目は，教育，保険といったものと並んで重要視されている．こうしてガバナンスは途上国援助とリンクされるようになり，開発経済の主流となった．

　しかし，こうした世銀やIMFを中心としたガバナンス重視の政策には批判もある．それはこうしたガバナンスの概念が欧米の基準から見た画一的なものであり，それを途上国に一様に適用しているという批判である．各国の歴史，社会，文化などのあり方を尊重した経済発展が内発的発展の目指すところである．現在では，ガバナンスの重要性に関してはコンセンサスが得られているが，途上国それぞれの実態に合わせたガバナンスのあり方の検討が今後必要となってくるであろう．現段階では，途上国のガバナンス向上のための制度設計などは援助する先進国や国際機関の間で方針に大きな違いが見られる．とくに，法制度の整備，教育，保健医療制度の整備などの分野でそれが顕著である．先進国や国際機関同士のコーディネーションにより整合性のある援助を行うことが課題である．

　また，援助とガバナンスが関係づけられることにより，世銀やIMFによる支援は途上国内部の経済社会的な状況に深く関与するようになってきている．こうした政策が内政干渉に当たり，ひいては内発的発展を阻害するのではないかという疑問がある．こうした世銀などの援助側が途上国のガバナンスに対して積極的に介入する姿勢はドナー主導（donor-driven）と呼ばれている．自国固有の歴史，文化，社会的背景を尊重した経済発展を達成するためには，自らの努力（ownership）を喚起することが必要である．国内の制度整備などは援助を与える側と受ける側相互によるもので，両者が適切なバランスを取りながらガバナンスを向上していくことが内発的発展のために求められている．

3.6 非営利組織，市民の参加

1990年代以降のもう一つの新しい潮流は，NGOなどの非営利組織，ボランティアなどを含む市民の役割である．途上国では市場が十分に機能しなかったり（市場の失敗），政府の介入も有効でない場合（政府の失敗）が多々ある．いま一般に財を排除性と競合性の2軸で分類すると表3.1のようになる．

表3.1 財の分類

	競合性高い	競合性低い
排除性高い	私的財	クラブ財
排除性低い	コモンズ	公共財

私的財は市場で取引され，公共財は政府により供給される．コモンズとクラブ財は非営利団体によって供給しやすい場合がある．

コモンズの例としては入会地，共有の漁場・森林地などが挙げられる．コモンズは誰でも利用することができるので，共有資源が過剰に使用されるという問題がある．途上国のコモンズは伝統的に地域のコミュニティなどにより利用者制限などを含む複雑な方式により管理されていた．しかし，多くの途上国では植民地政府などにより，こうした管理組織が破壊されてしまった．NGOなどの非営利組織は途上国現地のコミュニティに入り込み，地域住民に受け入れられることによりコモンズの適切な管理をすることができるかもしれない．

クラブ財の例としては，途上国への技術移転がある．途上国の企業は技術を自国に移転した場合に「ただ乗り」の問題がある．すなわち，対価を払った技術が社員の引抜きなどによって他社へ流出してしまうという問題である．ただ乗りの問題があるために本来移転すべき技術が移転されないという事態が起こりうる．このような場合には，途上国の産業協会などの非営利組織が主体となって技術移転を行う意義が生じる．NGOなどの非営利組織は途上国現地の地域住民と直接接し，コミュニティの中に入り込んで活動を行うことができる．そのため途上国の住民のニーズをよく把握し，必要な援助を草の根レベルで供給することができる．政府の施策はどうしても一律的になりがちであり，援助が行き届かないことが多い．非営利組織は政府のように意思決定のための煩雑な手続きを踏む必要がなく，

ニーズに対応したきめ細かい対応が可能である．また，NGO などの国際的な非営利組織は国際的に活動している組織が多く，また例えば国境なき医師団のように高い専門知識を有する場合が多い．こうした国境を越えた開発に関する知識の移動や高い専門知識の提供は，非営利団体だからこそ可能なものである．また，途上国の政府が腐敗し十分に機能していない場合がよくあるが，そのようなときに非営利組織は貧困層に必要な援助を提供する信頼できる主体となりうる．

このように非営利組織や市民活動は市場や政府が提供できない財やサービス，援助を提供する可能性をもっており，近年重要性を増してきている．途上国の歴史，文化，社会を尊重した内発的発展のためには，こうしたコミュニティに入り込んだ活動が重要である．非営利組織や市民活動は現地の政府などに搾取されることもあり，また資金調達などの問題で事業に長期的視野が欠けることもある．非営利組織や市民活動の重要性は明らかであるが，万能ではなく政府や企業など他の主体と補完し合うような政策の策定を今後も模索していく必要があるだろう．

3.7 コミュニティ主導型開発

1990 年代以降，コミュニティ主導型開発（Community-Driven Development：CDD）が注目されている．これはコミュニティ開発（community-based development）から発展したものであり，地域住民により主体的に形成されるコミュニティ組織（Community-Based Organization：CBO）が意思決定や資源管理に関して一定の権限をもちながら進める開発の手法である．CDD は，CBO が地方政府，民間部門（private sector），NGO などの非営利組織や中央政府などとのパートナーシップを組むことが多いのが特徴である．CDD は直接貧困の当事者が主体性をもちトップダウンではなく草の根的に開発にあたることにより，地域住民の求めるものに適切に対応し，貧困削減の取組みをより効率的，低コストにするとともに持続可能性を高める可能性を秘めている．Dongier ら[2]によるとCCD には，①市場や公的部門（public sector）の補完，②持続可能性の増加，③開発の効率の改善，④貧困削減の取組みの拡大，⑤貧困の当事者やマイノリティーなどの弱者を包含した開発の推進，⑥エンパワーメント，社会的資本の構築，よりよいガバナンス，といった利点がある．実際，世銀をはじめとした各種開発援助プログラムには CDD の概念が用いられ，その成果も一定の評価を得ている．

しかし，その一方でCDDにはエリートキャプチャー（elite capture）と呼ばれる地域の有力者による搾取などの問題があることもわかってきている．CDDにはこのように対処すべき課題が存在するが，文化的社会的要因を重視する内発的発展において重要な概念である．

3.8 BOPビジネス，適正技術など

前節で見たように非営利組織や市民活動の重要性が増しているが，近年こうした動きに加えて，民間の営利企業が途上国の貧困層（Bottom of the Pyramid：BOP）をターゲットにした戦略を展開している．これはBOPビジネスと呼ばれ，貧困層のニーズに応えるだけでなく，地域住民をビジネスの担い手として開発のプロセスに主体的に参画させる新しい仕組みとなっており，先進国の営利企業と途上国の地域を結びつけ途上国開発を進めるイノベーションとして急速に発展を遂げている．

また，途上国現地のコミュニティを尊重しながら，貧困層のニーズに応えた製品や技術を提供する適正技術（appropriate technology）という概念が最近注目を集めている．

BOPビジネスや適正技術は，いずれも途上国のコミュニティを尊重しながら貧困層を援助する革新的な取組みである．こうした活動は非営利組織や市民活動とも深く結びついている．詳しくはコラム4「バングラデシュにおけるBOPビジネスと内発的発展」（p.72）を参照されたい．

3.9 お わ り に

本章では1950年代から現在に至る開発経済の変遷を概観した．現代の内発的発展の重要性の認識は1950年代以降の開発援助の実践とそれに伴う開発経済に関する論争から出てきたものである．開発には途上国の市場，政府，支援側の政府や国際組織など様々な主体が関係している．近年はこうした伝統的な主体に加えて，国際NGOなどの非営利組織，市民の役割が重要性を増してきている．また，新たなイノベーションの形態であるBOPビジネスや適正技術などが登場している．

内発的発展を実現するためにはこうした多様な主体が協力して，各途上国のニ

ーズに合った開発のあり方を検討していかなくてはならない．そのために，これまでの開発経済の実践と理論，論争の変遷を的確に把握し，内発的発展のあるべき姿を構想することが重要である．本章では主に経済学の立場から開発を捉える枠組を提供した．こうした枠組をもとに内発的発展の現状や課題を整理するとともに，各国の事例研究を重ねていくことが今後の課題である．

参 考 文 献

1) Aoki, Masahiko, Hyung-Ki Kim, Masahiro Okuno-Fujiwara (eds.)：The Role of Government in East Asian Economic Development：Comparative Institutional Analysis, Clarendon Press, Oxford, 1997
2) Dongier, Philippe *et al.*："Community-Driven Development" in World Bank：Poverty Reduction Strategy Paper Sourcebook, Vol.1, Washington D.C., 2001
3) Sen, Amartya：Commodities and Capabilities, North-Holland, Elsevier Science Publishers（鈴村興太郎訳：福祉の経済学：財と潜在能力，岩波書店），1985
4) Sen, Amartya：The Concept of Development, in Cheney, Hollis B and T. N. Srinivasan (eds.), Handbook of Development Economics, Vol. 1, North-Holland, Elsevier Science Publishers, 1988
5) McNamara, Robert S.：Address to the Board of Governors, in World Bank；The McNamara Years at the World Bank, Major Policy Addresses of Robert S. McNamara 1968-81, Johns Hopkins University Press, 1981
6) UNDP (United Nations Development Program)：Human Development Report 1990, Oxford University Press, New York, 1990
7) World Bank：World Development Report 1990, Oxeord University Press, Oxford, 1990
8) 絵所秀紀：開発の政治経済学，日本評論社，1997
9) 大野健一，桜井宏二郎：東アジアの開発経済学，有斐閣アルマ，1997
10) 国際協力機構 国際総合協力総合研修所編著：援助の潮流がわかる本，国際協力出版会，2003
11) ジェトロ・アジア経済研究所 朽木昭文，野上裕生，山形辰史編：テキストブック開発経済学，有斐閣ブックス，1997
12) 下村恭民：アジアのガバナンス，有斐閣，2006
13) マイケル.P. トダロ，ステファン.C. スミス（森杉壽芳監訳，OCDI 開発経済研究会監訳）：トダロとスミスの開発経済学，ピアソン桐原，2010
14) C. K. プラハラード（スカイライト コンサルティング訳）：ネクスト・マーケット[増補改訂版]：ネクスト・マーケット，英治出版，2010

コラム 3. アジアへの環境技術移転とバイオマス

　世界の CO_2 排出量は急激に増加しており，20 年前の約 1.3 倍となっている．とりわけ，中国・インドをはじめ急速に発展するアジアでの増加が顕著であり，今後の地球温暖化対策の鍵であると言われている．

　一方，わが国においては，東日本大震災による原子力発電所の停止などにより，既に批准している京都議定書遵守の対応において困難な局面に直面している．一方，国内での削減を補う仕組みに，温暖化対策を発展途上国で行うクリーン開発メカニズム（Clean Development Mechanism：CDM）という方法がある．

　一方，アジア諸国においては，地球温暖化対応とエネルギー確保のため，バイオマス資源つまり植物由来のエネルギー活用に対する期待が高まっており，その現状と問題点，さらに今後の CDM プロジェクト化を含め，アジアの内発的発展への可能性について述べてみたい．

○CDM とは

　CDM とは，発展途上国と先進国が共同で地球温暖化対策を実施するべく，1997 年に京都で開催された気候変動枠組条約第 3 回締約国会議（COP3）で採択されたもの．

　先進国が途上国において温室効果ガス削減プロジェクト（省エネルギー，新エネルギーなど）を実施し，そこで生じた削減分の一部を先進国側の削減にカウントできるというスキーム（仕組み）である．わが国はこのスキームを利用し CO_2 クレジットを確保すべく，新エネルギー・産業技術総合開発機構（NEDO）などによる可能性調査・企業助成，また得られた排出枠の買取り，さらに国際協力銀行（JBIC）などによる基金の設立・運営など行われている．

　わが国では省エネルギーが相当程度進み，産業構造も高度化していることから，CO_2 排出削減の余地は限られており，このための限界費用は非常に高くなる．しかし，エネルギー消費の効率化や燃料転換等を行う余地が未だある発展途上国，もしくはエネルギー消費効率が低い東欧諸国では，低い費用で温室効果ガスの排出を削減する余地が数多く存在する．

　わが国のように国内の限界排出削減費用の高い国では，積極的に京都メカニズムを活用することによって，約束達成に必要な費用を低減させつつ，優れた技術の普及により国際的な排出削減への貢献が可能になるといえる．

○バイオマス関連プロジェクトの経験

　バイオマスは化石燃料に比べて単位重量当りの熱量が低く，エネルギー的には非効率である．砂糖工場で余るサトウキビの絞りかすをバガスというが，このバガスの熱量は石炭の 30% 程度，重油の 20% にも満たないので，同じ熱量をボイラーで作り出すための設備は化石燃料の場合より大きくならざるをえない（図 A，B）．すなわち，設備費もそ

図A　砂糖成分を含んだサトウキビの茎部分　　図B　砂糖を絞りきった後の粉末状の茎部分
　　　　　　　　　　　　　　　　　　　　　　　　　（バガスと呼ばれ，燃料になる）

れだけ高くなる．例えば，数年前モーリシャスで自家発電事業者による電力公社への売電の競争入札が行われたが，落札したのは石炭焚きの火力発電所であった．バイオマス発電では経済性のみで対抗しても価格面では太刀打ちできなかった．

　また，バイオマス発電の場合，別な不安定要素もある．それは燃料を農産物の残廃物等から得るために，確保できる燃料の量が天候によって左右されることである．凶作になったら発電用の燃料を補うために他のバイオマス燃料か化石燃料を調達しなければならず，これは新たな燃料費の増加につながってしまう可能性をもっている．

　このようにバイオマス発電プロジェクトは化石燃料を用いた従来の方式に比べていかにコスト削減するかが課題である．この設備・運転費の圧縮のために現地資材の活用や人材の有効利用等により，コスト削減とともに内発的発展への寄与へと誘導することが肝要である．

　また，発電に用いた蒸気を有効利用するために，コージェネレーションを考えるといったシステム設計も有益である．例えば，タイで行ったバイオマス発電システムでは，図Cに示すようにアルコール工場への蒸気と電気の供給を想定したコージェネレーションを検討した．アルコールの原料は砂糖工場で砂糖を抽出して最後に残った糖蜜（これは廃糖蜜と呼ばれている）を用いることを計画し，廃糖蜜にはまだ糖分が残っているために，これに酵母を加えて発酵させるとエタノールを作ることができる．このような複数のシステムを組み合わせることによってエネルギーの有効利用をすればトータルとしてのCO_2排出量も抑えられ，エネルギー収支も改善される．

　また，バイオマスの場合，化石燃料に比べエネルギー密度が小さく運搬コストが多大となるため，基本的には，原料を産出するオンサイトでのプロジェクトを志向すべきである．収集・運搬すると経済収支のみならず，トラック等の排出するCO_2が温暖化を促進してしまうマイナス要因にもなる．

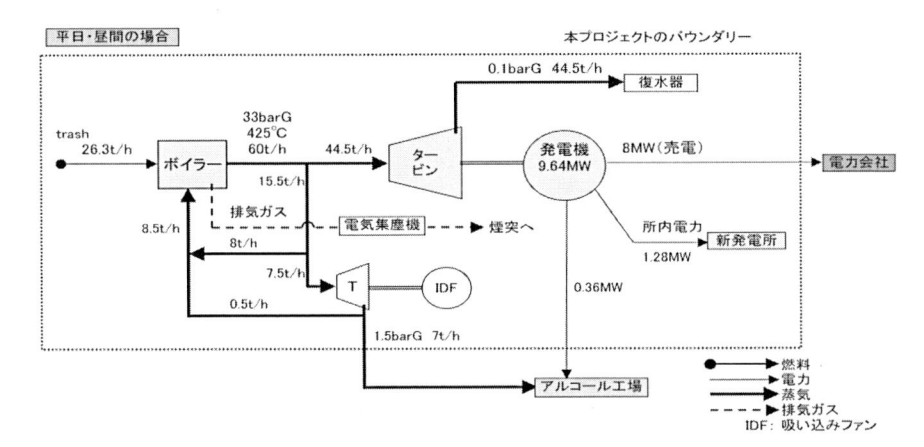

図C　バイオマス発電の事例（出典：NEDO バイオフーエル会議 2007 資料）

○ CDM と内発的発展

　前述のようにアジア諸国は，経済の成長・人口増に伴うエネルギー消費と CO_2 排出の増加が見込まれ，石油価格の高騰およびエネルギー安定供給確保への対応とともに，自国に大きなバイオマス資源が存在し（図D参照），さらに当該地域においては社会開発の観点でバイオマスをはじめとする再生可能エネルギー導入に対する期待が大きい．

　しかしながら，途上国においては，バイオマス等の導入に期待はするが，当該技術レベルはまだ低く，また資金制約も大きい．高いリターンが期待される案件であっても，資金以外の様々な障害によりプロジェクトが進まない問題があり，このため，アジア開発銀行・国際協力銀行など様々な機関が資金提供可能な制度を整備しつつある．

　また，先進国からの技術移転に加え，途上国間の技術移転が有効と考えられ，それを促進するための対策も望まれる．例えばIEA（国際エネルギー機関）の気候変動技術対応活動（Climate Technology Initiative：CTI）の資料によると，バイオマスには経済性の見込まれる大きな可能性があるが，一方，発電電力を有効に活用可能な電力網等の整備に加え，農業生産物の宿命である収穫変動への対応，収穫物の円滑な収集・運搬等に関するインフラの整備などの課題がある．また，電力網に接続されていない過疎地域では，無電化村への電力供給を可能とする風力・太陽光発電などとの組合せも安定供給の観点からオプションとなりうるが，コストが高く公的支援が必要である．

　さらに，アジアの一部の国では，政府の体制・法制度整備などの対応の遅れがあり，社会的不正などの問題がビジネスのコストを高めていることなどについて産業界の不満が高く，政府の速やかな対応を求める声が出されている．これらに応えるべく，NEDOなどわが国の政府機関が行ってきたキャパシティービルディング（能力向上）にかかわる活動等が，現地政府はもとより国内外の産業界から高く評価されている．

ポテンシャルの高いバイオマス種と発生地域
― 2030年 エタノール生産（セルロース系廃棄物）―

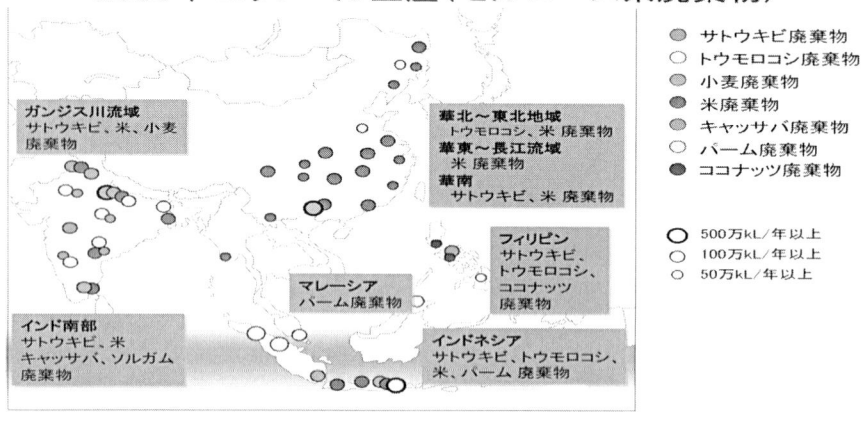

図D　アジアにおけるバイオマス分布（出典：NEDOバイオフーエル会議2007資料）

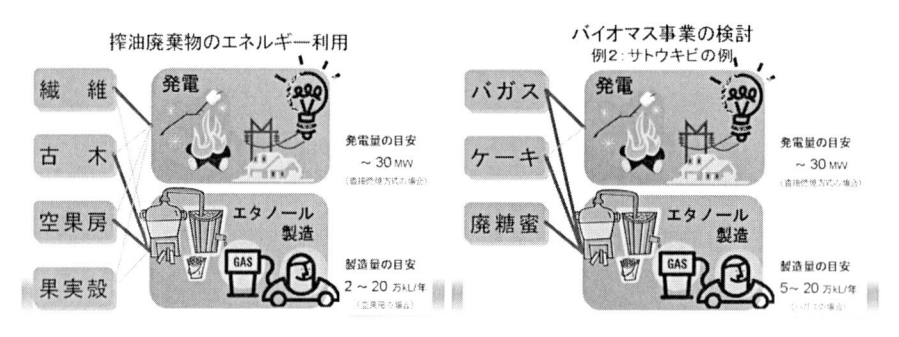

図E　農業廃棄物等を対象とするバイオマスプロジェクトモデル

図F　サトウキビを対象とするバイオマスプロジェクトモデル

　なお，これらプロジェクトモデルの一例をNEDOバイオフーエル会議2007資料より，農業廃棄物等を対象とするものを図Eに，サトウキビを対象とするものを図Fに示す．
　CDMプロジェクトはやはり事業であり，収益性の高いプロジェクトが望まれている．プロジェクト実施地域における社会共生のためには，途上国とわが国政府・企業にとりウィン・ウィンの関係を構築すべく，採算性を含め様々な工夫が必要である．今後は①現地ニーズに合った設備の導入，②技術・システムの組合せによる採算性の向上，③有効かつ的確なコーディネータ制度の整備などにつき，研究・調査がなされ，政府・関係産業界の協力の下，NEDOもその一翼を担いつつ実現が図られるべきものである．

4. 環境工学から見た内発的発展
―環境管理への住民参加―

4.1 環境工学の歴史と展開

4.1.1 衛生工学から環境工学へ

　環境工学とはそもそも技術やシステムの導入により環境問題の解決を図り，またよりよい環境の創造を目指す学問分野であり，土木工学，建築工学，化学工学，エネルギー工学，資源工学など様々な工学分野の中に横断的に存在している．ここでは，とくに途上国の開発・発展に深く関わる上下水道や廃棄物問題を中心的に扱う土木工学分野における環境工学に焦点を当てて話を進める．

　上下水道の歴史は古い．古くはインダス文明の古代都市モヘンジョダロの遺跡で排水設備が発見されている．また，古代ローマの各都市では郊外から数十 km の距離を水道を通して水供給を行っていた．つまり，都市の規模が大きくなるにつれ，都市内で利用する水を外部から獲得して水道を通して供給する必要性が生じ，また利用した水や街の中に降った雨を速やかに都市の外に排水する必要性が生じた．人が集まり住む都市において，必須のものとしてこれらの施設が整備されていったのである．塩野[1]は，道路とともに各都市への水道の整備が古代ローマの覇権獲得にとって重要であったことを述べている．わが国でも例えば江戸時代の江戸の街では水道が整備され，多摩川上流の羽村取水堰から 40 km の距離を導水し，江戸の街に配水していた（玉川上水といわれる）．

　ただし，当時の上下水道は浄水や水処理は行われておらず，今日のものと比べると単純なものであったといえる．その状況が変わったのは，産業革命により都市化が急速に進展してからである．先進諸国では都市化・工業化に伴い様々な公害問題が発生し，それに応じて各種の対策が行われるようになった．水道分野では，水源の汚染や衛生的な水の供給を確保するために，浄水処理と圧力管による

配水（圧力をかけて配水することにより，蛇口末端で十分な水圧を確保するとともに，配水過程での汚染物質の混入等をある程度防ぐことができる）を前提とした近代水道が普及し，また下水道分野においても排水を排除するだけでなく，処理を行い環境への負荷を減らすための技術開発が進んだ．廃棄物分野では，再利用が困難な様々な廃棄物が発生するようになり，収集処分のシステムが整えられていった．環境汚染の防止と衛生的な生活環境を確保するために，衛生工学（sanitary engineering）といわれる技術分野が発展したのである[2]．

　衛生工学の発展は先進諸国の公害問題の改善に大きな貢献をし，公害問題は改善に向かった．しかし，1980年頃から新たな問題が認識されるようになった．「持続可能な開発」というキーワードで語られるが，資源制約や地球温暖化などの諸問題の顕在化である．それまでは汚染を除去し，あるいは最小限に食い止めることを目標に技術開発が行われたが，それだけでなくエネルギーなどの資源制約や温暖化などの地球規模の問題も視野に入れながら，技術の開発がなされるようになった．衛生工学から環境工学（environmental engineering）という名前が使われるようになった．

　また，1960年代から先進諸国は途上国の発展に対して経済的・技術的な支援を始め，様々な分野で先進国で開発された技術が移転された．しかし，途上国では先端技術を扱っていくうえでの人的・経済的資源が限られており，また文化的背景も異なるため，同じような技術やシステムを移転しても有効に使われない状況が発生した．このような背景から，「適正技術」という言葉で言われる当該地域において利用者に受け入れられ，人的・経済的に利用可能な技術を移転していく必要性が生じた．

4.1.2　内発的発展と環境工学

　衛生工学や環境工学の分野で，内発的発展という言葉を明示して議論が行われた例はない．衛生工学や環境工学は，環境汚染を防止し衛生的かつ快適な生活環境を創り出すための技術やシステムの開発を主たる目的とした学問分野であるが，上述した適正技術という考え方，あるいは環境管理への住民参加の必要性など，いかに利用者自らが積極的に導入や維持管理に関わるような技術やシステムを開発していくのか，技術開発あるいは普及の場にどのようにして人々の意見を取り入れていくのか，ということが課題として認識されてきている．

本章では，まず途上国への環境工学技術の移転と適正技術について，次に環境工学技術の実践の場における住民参加について議論を行う．

4.2 適正技術と環境工学での試み

4.2.1 適正技術論の展開

開発途上国の発展における先進国からの技術移転の重要性が指摘されるようになったのは1960年代のことである．政府開発援助の一環として，様々な分野で技術移転が実施されるようになったが，先進国で利用されている技術を開発途上国にそのまま移転しても先進国で上げているような効果を上げられないという主張があり，適正技術（appropriate technology）という考え方が議論されるようになった．

適正技術論の展開については綾部誠[3]や田中直[4]によくまとめられており，以下にこれらをもとにその展開を簡単にまとめる．

適正技術論は，E. F. シューマッハーにより先駆的に提唱されたものであるが，1971年の「国連開発への科学技術の適用に関する諮問委員会（ACAST）」の報告書によって広く認知されるようになった．E. F. シューマッハーはその著書『スモール・イズ・ビューティフル』の中で，技術移転においては，次の四つの目標が達成されなければならないとした．

(1) 労働需要の発生は大都市ではなく人々の現在住んでいる地域において発生すること
(2) 仕事場が低コストで数多くの場所に作られること
(3) 比較的簡単な生産方法を用い，高度な技術は最小限にとどめること
(4) なるべく地元で得られる原材料を使用し，地元で使用されること

そしてこれらの実現のために「中間技術」と呼ばれる労働集約的な技術が必要である，としている．

その後，経済協力開発機構（OECD）や国連工業開発機関（UNID）などの国際機関による市場を重視した「低コスト技術論」，技術の累進性に寄与するような技術を選択するべきという「累進的技術論」，エコロジー的な概念から発生した「オルタナティブテクノロジー（alternative technology）」などの主張が繰り広げられた．

このように様々な議論が繰り広げられたものの，適正技術論としてまとまった理論的な体系の構築には至っていない．しかし，実際の国際協力の現場においては多くの分野で適正技術の開発と普及が行われている．とくに，近年は地球温暖化の問題が顕在化しており，省エネによる温室効果ガスの削減や温暖化の影響への適応を意識した適正技術の普及が求められている．

4.2.2 環境工学技術における適正技術

それでは次に環境工学分野における適正技術について考えてみる．環境工学においては，水道や下水道，浄水，廃水処理，廃棄物処理などが代表的な技術群となるが，まずこれらの技術には以下の二つの特徴がある．

一つは，地域依存性があるということである．浄水技術は利用できる原水の水質によって採用しうる技術が変わり，その原水の水質は地域ごとに異なる．廃水処理においても地域によって廃水の性状が異なる場合も多く，技術の選択や運転時に考慮が必要となる．例えば，東京を例にとっても都内に10を超える下水処理施設を有しているが，下水中の有機物濃度（BOD（生物化学的酸素要求量），COD（化学的酸素要求量）などの指標があるが，水中の酸素を消費し，水環境に様々な影響を与えることから水質汚染の代表的な指標として用いられる）など2倍程度の違いがある場合もあり，施設ごとに運転時に下水の性状に応じた対応が求められている．

もう一つの特徴は，需要の変動性である．例えば下水処理や廃棄物処理においては，各家庭から発生したものを受け入れなければならないが，これは時間によって変動する．よって，このような需要の変動に対応できる技術やシステムが求められる．そしてその需要の変動状況は地域ごとに異なる場合が多い．

つまり，環境工学における技術群は導入に当たってそもそも地域ごとの固有な条件を考慮することが重要となる．コスト等の側面を除いて考えても，先進国の技術をそのまま移転することは不向きな技術群であるといえる．よって，わが国では環境分野のODAが増えるに当たって，環境適正技術の考え方について議論が行われた．国際協力機構（JICA）はこれまで行ってきた水分野の援助の課題やあり方，そして今後の方向性を議論するために水分野援助研究会を立ち上げており，その報告書の中で今後の水分野の支援の課題をまとめている[5]．適正技術に関するところを抜き出すと，地域性の重視として「水分野における国際協力と地域性に関し，自然条件にかかわる地域性，社会条件にかかわる地域性それぞれに

ついて配慮する必要性に言及したうえで，水源の多様性および地域性を重視した技術協力のあり方」を述べている．自然条件については，同じアジアでもモンスーンアジアでは「too much water」の問題が，乾燥地域では水資源開発と効率的利用が課題となることや自然条件は時間とともに変化することへの視点の重要性を指摘している．また，社会条件に関わる地域性では，技術レベルを地域に適合したレベルに設定する必要があることや伝統的技術を活用することの必要性を挙げている．また，持続可能な維持管理として，適正な技術とは単に安価な技術や基礎的で簡易な技術を指すのではなく，適切な維持管理が行えるものであることを強調している．上下水道においては，施設の維持管理体制の確立と適正な料金設定による水質モニタリング等の維持管理費用の確保が重要であり，住民がいかに維持管理や料金徴収に協力するようなシステムを構築できるかが今後の課題として認識されている．

なお，このような適正技術の普及を援助としてではなく，ビジネスとして行う考え方についても近年，議論が行われている（コラム4参照）．

4.2.3　開発途上国における環境工学研究と適正技術

環境技術の移転という側面でもう一つ重要な要素は，海外からの留学生や研修生の受入れと日本の研究者と海外の研究者との共同研究である．日本はこれまでアジア地域を中心に多くの開発途上国から留学生や研修生を受け入れてきている．環境工学分野でも他分野と同様に多くの留学生や研修生を受け入れてきた．

例えば留学生の受入れを例に取ると，学位論文を書くために多くの場合は最新の技術について研究をする例が多いが，環境工学分野では留学生の出身地域で起こっている課題を研究テーマにすることが比較的多い．また，それをきっかけに指導教員がその課題を研究テーマとして，卒業後帰国した学生と共同研究を始めるといった事例もある．近年は，このような海外における学術研究をサポートする競争型資金も増えており，このような中で地域の特性を考慮した適正な技術の開発が行われている．

4.3 環境管理と住民参加

4.3.1 社会基盤整備における住民参加
a. 社会基盤整備への住民の関わり方

先に述べた JICA の水分野援助報告書の中で，水分野協力においても水利用者（団体）および開発関係者のプロジェクトへの参加が重要な要素であること，参加の促進に当たり社会的弱者，貧困層，ジェンダーの視点の取込みが重要であることが指摘されている．

環境工学が対象とする社会基盤サービスといえば，上述のとおり上下水道や廃棄物管理が関わってくる．この中でも大規模なハードな基盤施設の整備が必要となる都市スケールでの水道や下水道整備において，先進国においても住民参加を十分に進めてきたとはいえない状況にある．

ゴミの分別収集や戸別の水道や下水道への接続などは住民自ら行うものであり，大規模なシステムといえどその末端では住民の協力が不可欠なものである．しかし，上下水道や廃棄物収集処分計画の策定や整備，あるいは料金の設定などの運営において，住民の直接的な意見をもとにその意思決定がなされることはほとんどなかった．専門的な知識や情報が必要となることから住民の関わり方は限定的にならざるをえないこともあるが，その関わり方が希薄なことが，ゴミ出しのルール違反や無分別，下水道への未接続（日本では，生活雑排水は下水道工事の供用が開始されたら1年以内に下水道に接続することが，くみ取り式トイレは3年以内に水洗トイレにすることが下水道法により義務付けられている）などを引き起こし，結果的にこれらのシステムを非効率なものにしているともいえる．これらのシステムの役割や効果については学校教育の中でも取り扱われており，様々な形で情報提供や普及啓発は行われている．しかし，情報を受け取るという受動的なものでなく，より能動的で主体的な関わり方をすることが住民側の所有者意識を高め，これらのシステムの効率的な運用につながるものと考えられる．

b. 河川管理における住民参加

社会基盤整備の中で市民参加が比較的先行して行われてきたのが河川管理である．都市化に伴い，都市に雨水が溜まるのを防ぐために都市河川は排水路と化し，雨水を効率よく排除するために護岸はコンクリート護岸に改修され，都市河川は

住民から遠いものとなった．臨海部の多くの都市では，自動車社会に対応するために河川や運河は蓋をされ，道路に変えられてきた．さらには水質改善のために下水道を普及させたため，平常時には水そのものがなくなる河川もあった（下水道整備により生活雑排水等が河川に流れずに，下水道を通して河川下流部や海洋に直接排出されるようになったため）．しかし，近年は景観やレクリエーションなどの河川の親水機能，生態系維持のための機能などが見直され，先進国では本来の河川の景観や機能を重視した河川整備が行われている（日本では「多自然川づくり」として行われている）．

このような河川整備では，洪水防止機能を維持しながら豊かな生態系を維持するための河川改修技術や水質管理が工学技術としては重要となるが，そもそも洪水防止や親水機能，そしてコストなどの間にトレードオフの関係がある場合が多いため，地域住民がどのような整備を求めているかを把握する必要がある．さらには，改修や改修後の維持管理に地域住民の協力が必要な場合も多い．このような状況から，地域住民の意見を計画段階から取り込み，さらには主体的に関われるような仕組み作りが先行して行われるようになった．

国際的に有名な事例として，韓国ソウル市の清渓川（チョンゲチョン）の復元などは行政主導で行われたものであり，行政主導で行われるケースが多いのは事実であるが，先進国では住民主体，あるいは行政主導ではあるが地域住民が深く関わって行われている事例も多い．開発途上国では親水機能の価値に対する意識はまだ高くはないが，生活水準の向上に伴う快適な生活環境への価値観の変化に伴い，今後地域住民による主体的な取組みが増えていくものと思われる．

c. 小規模分散型システムと住民参加の重要性

スケールメリットとは規模の経済性で規模を大きくすることにより得られる効果であるが，上下水道や廃棄物処理システムの運営や維持管理においてもこのスケールメリットの議論が当てはまり，規模を大きくするほど一般的に経済効率や処理効率はよくなる．よって，都市においては集中型で大規模なシステムがこれまで構築されてきた．しかし，大規模なシステムでは，事故が発生したときに全体が運転できなくなってしまうこと，導入費用が大きくまた時間がかかること，先に述べたように利用者の所有者意識がなくなること，などの課題が多く指摘されるようになった．そこで，小規模分散型のシステムが見直され，様々な技術開発が行われている．

小規模分散型システムとは，例えばコミュニティスケールでの水道や下水道，浄化槽などが当てはまるが課題も多い．大規模集中型システムと違い専任の技術者がいないため，維持管理体制が不十分となり，システムに故障等が発生し十分に利用されないケースも多い．また，大規模集中型システムでは導入は行政が行い，利用者は利用料金という形で費用負担を行うが，小規模分散型システムでは導入費用等を個人やコミュニティで直接負担しなければならないケースも多く，住民にとってかえって負担が大きくなることも多い．つまり，小規模なシステムほど，住民がその所有者として費用負担も含めて主体的な管理を行うことが求められる．

一般に上下水道計画では人口密度やその配置に応じて，集中型システムと分散型システムを組み合わせて導入することになる．とくに大規模なシステムはその建設に多大なコストと時間が必要となるため，開発途上国では大規模なシステムは一部の大都市に限られており，それ以外の地域では小規模なシステムを先行して整備していくことが求められている．

このような小規模システムを普及させるうえでは，開発途上国においても地域住民にシステムそのものやその効果を十分に理解してもらい，主体的にその維持管理に関わってもらう必要がある．また，住民の主体的な関わりは，様々な面で課題対処能力（キャパシティ）の強化につながることが期待される（コラム5参照）．1999年にスイス連邦工科大学で開かれたワークショップでは，水管理分野でのこれまでの国から始まり，地方自治体，コミュニティ，家庭と意思決定が行われていくプロセスの流れを逆転し，家庭が意思決定の中心であるべきという"Household-centered environmental sanitation model"について提案が行われた[6]．家庭やコミュニティのニーズをもとに上下水道や廃棄物管理の計画策定や運営を行うことが実際に行われるようになっている．

4.3.2 住民の選好を考慮した環境インフラ計画
a. 地域住民の選好を把握する手法

河川整備において，洪水防止，景観，レクリエーション，生態系維持などの機能の間にトレードオフの関係があり，地域住民が何をどの程度重く見ているのか，その主観的な価値判断を把握することが河川整備計画の立案時に重要となっていることは述べた．河川整備ばかりでなく例えば下水道整備や廃棄物収集再利用に

おいても，もともと目的として水質保全や生活環境の保全，資源の有効利用の他に，これらの施設整備や運用で用いられるエネルギー消費やそれに伴う温室効果ガスの排出，施設整備や運用に関わる費用など，様々な側面の間にトレードオフがある場合が多い．よって，このような環境インフラ整備において，事前に地域住民を含めた関係者の主観的な価値判断を把握しておく必要がある．

環境工学分野においても，仮想評価法（CVM）やコンジョイント分析などの環境経済学的な手法，階層分析法（AHP）などのシステム工学的手法，心理学的モデルとパス解析や共分散構造解析などの統計的手法を組み合わせた手法，質的調査に基づく手法など様々な手法を利用して地域住民の選好を抽出し，評価する研究が行われるようになった．栗栖[7]は水環境分野にこれらの手法を適用した事例をまとめているが，それぞれ利点もあれば課題もあり，適用事例によってケースバイケースで解析手法を選択する必要がある．また，住民の意識を得るためのヒアリング調査やアンケート調査を実施することが多く，近年はインターネットを利用した大規模な調査が比較的容易に実施できるようになったが，質問の仕方，サンプリング方法などの検討が不十分なままに行われている事例も多く，今後さらなる研究や事例の蓄積が望まれている．

さらには，これらを開発途上国で実施した事例は少ない．大規模な系統的調査が開発途上国では困難な場合も多いが，ヒアリング調査や限られたサンプル数となるがアンケート調査の結果を活用しながら地域住民の選好を抽出し，上下水道や廃棄物管理計画の立案に活用していく必要があろう．

b. 地域住民の選好を考慮したコミュニティレベルのサニテーション計画

ここでは筆者らがベトナム・ハノイ市郊外において実施している事例を紹介する．ハノイ市はベトナムの首都であるが，経済発展とともに急速な都市化と人口増加が起こっており，様々な社会基盤施設の整備が遅れている．水供給についてはこれまで地下水を水源としてきたが逼迫している状況であり，表流水の開発を急いでいる．衛生施設については腐敗槽（septic tank，各家庭において水洗便所からの排水を貯留・沈殿処理を行う簡易な処理装置）は普及しているものの処理効率は十分でなく，市街地においても下水処理はほとんど普及していない．

以下にあるコミュニティに対して衛生施設導入計画を検討した事例を紹介する[8]．衛生施設導入のシナリオとして，(1) 現状のまま（腐敗槽の利用），(2) 腐敗槽からの排水を集めて安定池（排水をしばらく滞留させ，微生物や植生の働きにより有機物

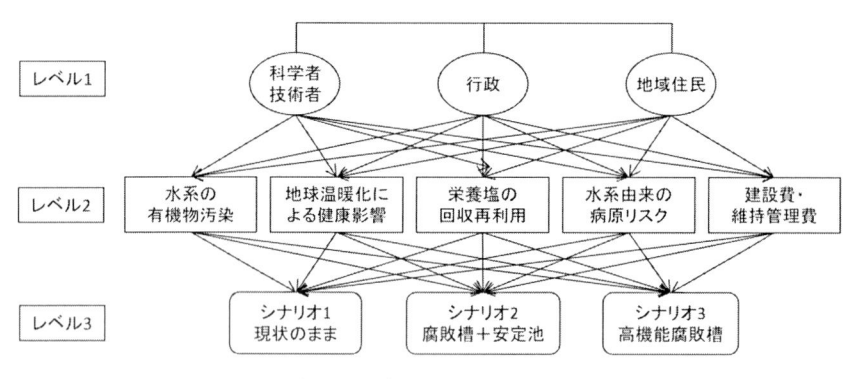

図4.1 衛生施設導入シナリオ選択の階層構造

レベル1: 科学者技術者、行政、地域住民
レベル2: 水系の有機物汚染、地球温暖化による健康影響、栄養塩の回収再利用、水系由来の病原リスク、建設費・維持管理費
レベル3: シナリオ1 現状のまま、シナリオ2 腐敗槽+安定池、シナリオ3 高機能腐敗槽

等の分解・安定化を行う池．広い土地が必要となり，臭気を発生するが，維持管理が容易である）で追加の処理を行うシナリオ（集中型システム），(3)数軒単位で処理能力の高い高機能の腐敗槽を新たに導入するシナリオ（分散型システム），の三つを設定し，階層分析法（AHP）を用いてアンケート調査の結果をもとに，科学者・技術者集団，行政，地域住民の選好の違いを明らかにすることを目的とした．図4.1に評価を行ううえでの階層構造を示したが，レベル2の評価項目として水系の有機物汚染（生活排水による水質汚染を表す代表的な指標），温暖化による健康影響（衛生施設導入に伴い直接・間接的に温室効果ガスが排出される．排出された温室効果ガスにより引き起こされる温暖化による健康影響を推計している），栄養塩の回収再利用（周辺が農業地帯であるため，生活排水からの窒素やリンなどの肥料成分の回収可能性を推定している），水系由来の病原リスク（生活排水がそのまま農業利用されているため，排水への接触による病原微生物への感染リスクが懸念されている），建設費・維持管理費の5項目を設定している．

100軒の地域住民，対象地域の衛生施設の計画に関係する4名の行政関係者，5名の研究者および技術者を対象に訪問調査を行い，評価項目ごとの一対比較を行ってもらうとともに，意識等に関する情報を収集した．図4.2はステークホルダーごとに評価項目への重みが違っていることを示している．いずれも水系由来の病原リスクを重く見ているが，地域住民は水系の汚染より地球温暖化による健康影響を重く見るのに対し，行政関係者や科学者はその逆となっている．それぞれが評価項目をどのように認識しているかにより，訪問調査での質問の仕方などの影響も考えられるが，行政や研究者など実際の計画立案に携わる側と地域住民の

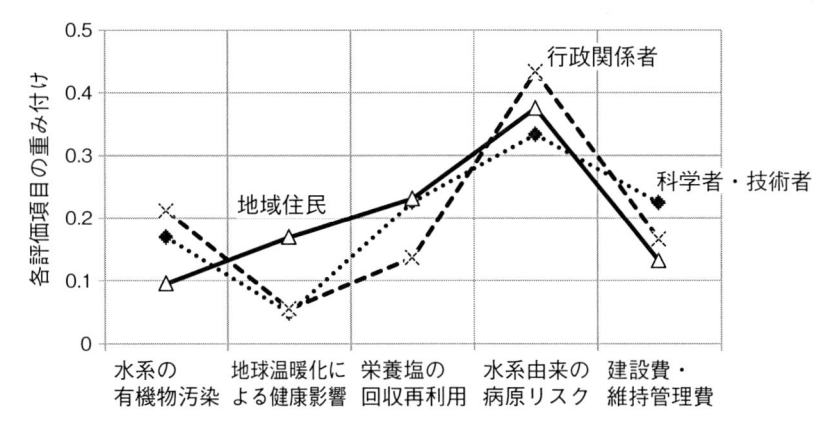

図 4.2 衛生施設導入に関するステークホルダーごとの評価項目ごとの重み付け

意識の違いが存在することを示している．

それぞれのシナリオによる各評価項目への効果や影響を推計し，上記の解析結果と組み合わせると，いずれのステークホルダーもシナリオ 2 の集中型のシステムへの選好が他のシナリオと比べて大きくなった．

なお，この研究で利用した階層分析法は少ないサンプルでも適用でき，一対比較であるため回答がしやすいというメリットがあるが，相対的な重要度しかわからず絶対評価ができないこと，結果の違いについて有意性の議論が困難であること，などの課題もある．

4.3.3 市民参加による環境モニタリング

環境モニタリングとは水質や大気質などの環境の現状や汚染の状態，生物や生態系の状況などを定期的に調査する活動であり，環境汚染の状況を知るうえで重要な活動である．正確な調査を実施するためには専門的な技術や機材が必要となり，一般的に行政や研究機関により行われている．自動モニタリング装置などを導入すれば，同時に広範囲な調査を頻繁に実施できるが，これらは高価な場合も多くまた生物など自動では計測が難しいものもあり，一般的にモニタリングは人的・経済的に大きな資源が必要な活動であった．

公害問題を通して市民の環境への関心や意識は大きく向上したが，1980 年代頃から市民グループによる水質調査が実施されるようになった．小倉[9]がその経緯や意義についてまとめているが，市民の意識の向上とともに，簡易に水質測定が

できるキットの開発普及が後押しをしたとしている．市民参加の利点は，多くの市民が参加することにより大規模な一斉調査が可能なことであるが，それ以外にも環境への理解や関心を深めるなどの環境教育の効果，市民間あるいは世代間での連携の促進などの効果も見込まれる．また，アメリカの市民による酸性雨モニタリングなど行政政策・行政計画へフィードバックが行われるケースもある．

日本では2004年より「身近な水環境の一斉調査」が多くの市民団体の参加のもと実施されており，環境省は「水辺のすこやかさ指標（水環境健全性指標）」を提案するなど市民によるモニタリングを後押ししている[10]．また，このような市民参加の活動に研究者も関わり，様々なサポートを行っている．開発途上国においても，市民の主体的な活動を誘発していくためには，市民自身が環境モニタリングに関わり環境への理解や関心を深めていくことも有効であろう．

4.4 内発的発展に向けた環境工学の展望

本章では，途上国への環境工学技術の移転と適正技術について，さらに環境インフラ計画の立案時やモニタリングにおける住民参加について，様々な取組みの現状や課題を紹介した．

内発的発展という文脈で環境工学が対象としている上下水道や廃棄物管理を考えると，4.3.1項で述べたようにいかに所有者意識をもたせるか，が重要となる．所有者意識をもつことでこれらのシステムを適切に利用し，さらに自らがその改善等を考えていくというインセンティブが生まれるであろう．そのためには，利用者がただで利用できるというのではなく，適切な負担を求めることも重要となる．

環境工学技術は地域依存性があることを述べたが，対象地域の文化的背景や，導入する技術やシステムの利用の仕方や仕組みも考慮して，地域住民が所有者意識をもつように技術やシステムの開発や移転を行っていく必要があろう．

参 考 文 献

1) 塩野七生：ローマ人の物語X：すべての道はローマに通ず，新潮社，2001
2) 土木学会：環境工学の新世紀，技報堂出版，2008
3) 綾部　誠：国際技術移転における技術受容サイドの捉え方に関する考察，日本福祉大学経済論集，日本福祉大学経済学会・日本福祉大学福祉社会開発研究所，**32**，

201-213, 2006
4) 田中 直：適正技術ということばをめぐって，APEX20年のあゆみ―適正技術への道―，特定非営利活動法人APEX，2007
5) 国際協力機構：水分野援助研究会報告書―途上国の水問題への対応，国際協力事業団国際協力総合研修所，2002
6) Kalbermatten J. M., Middleton R. and Schertenleib R.："Household-centered Environmental Sanitation" SANDEC (Water & Sanitation in Developing Countries), EAWAG (Swiss Federal Institute for Environmental Science and Technology), 1999
7) 栗栖 聖：水環境分野における住民意識把握の手法，水環境学会誌，**34** (11), 341-347, 2011
8) Pham N. B., Aramaki T. and Hanaki K.："Stakeholders' Preferences Assessment toward Sustainable Sanitation Strategy - an Application of the Analytical Hierarchy Process", XI symposium on ISAHP 2001, Sorrento, Naples, Italy, June 15-18, 2011
9) 小倉紀雄：市民環境科学への招待―水環境を守るために―，裳華房，2003
10) 山本郷史：水辺のすこやかさ指標（水環境健全性指標2009年度版）の開発と今後の展開，水環境学会誌，**34** (11), 354-358, 2011

コラム4. バングラデシュにおける BOP ビジネスと内発的発展

　70億の世界人口のうち収入が下位の所得層40億人は，BOP（Base of the Pyramid）と呼ばれ，新しいビジネスの対象として捉えられている．個々の購買力は低いが人口の多さから，利潤追求型のビジネスとして成立する可能性が十分ある．また，企業が社会貢献ではなく営利活動として行う「BOPビジネス」が，貧困層の生活向上にもつながる側面をもっているために新しいビジネスのあり方として注目されている．BOPビジネスにおいては主として生活に欠かせない必需品やサービスを貧困層に対して提供するとともに，そのビジネスの過程で現地のNGO・CBOや住民を巻き込んだものとなることが多い．すなわち住民がセールスを行ったり，地元の零細商店がサプライチェーンの一端を担ったりすることにより商品知識や技術を身につけることができる上，住民の収入向上にもつながる．またこうしたビジネスにより資本を蓄積することができれば村落部で新たなビジネスを起業することも可能となり，内発的発展にもつながる．以下にバングラデシュの水と衛生の分野を中心としてBOPビジネスの可能性を考えてみる．

　バングラデシュ村落部では伝統的に表流水を飲料水源として用いていたが，微生物汚染による下痢症を減らすため1980年代から管井戸が国中に掘られてきた．これは下痢症の抑制には役立ったものの，1990年代初頭から地下水中に存在していた自然由来のヒ素による健康被害が大きな社会問題となった．バングラデシュの地下水のヒ素汚染は世界的にきわめて注目度が高い問題のため，今まで国際機関や二国間援助機関，国際NGOなどがきわめて多くの投入を行い，援助活動を展開してきた．これらの援助機関は過去に砂ろ過装置や薬品による吸着装置などのヒ素除去装置の導入や，雨水利用などの代替水源の開発などを行ってきた．しかし現在に至るまで決定的な解決法は見出せていないのが現状である．援助機関がこのような苦戦を強いられる原因は何であろうか．途上国における生活改善活動を「援助」で行う場合には，投入される技術や人材はすばらしく，活動の実施中は成果をあげるものの，終了すると以前の状態に戻ってしまうことも多い．この教訓に学び，活動を持続可能にするためには「援助」ではなく「商業化」の概念の導入が効果的ではないだろうか．途上国における根本的な問題は貧困と貧富の差の大きさである．外部からの働きかけが住民の収入向上につながる内容であれば，介入の終了後も産業として持続し，内発的発展につながる可能性が高くなる．人口が多く密度の高いバングラデシュは市場規模の点から商業化の可能性が高く，人口密度が低い国よりも有利である．バングラデシュには，これまでにも適正技術が商業化し国土全体に普及した例が多くある．例えば3輪の自転車で人や荷物を運ぶ「リキシャ」や，開放式のトイレを改善するために設置するコンクリート製の筒（リング）などである．リキシャは利便性が高く農閑期の収入に直結するため商業化が進むことは容易に理解できるが，リングはなぜ商業化できたのであろうか．ユーザーにとって設置したところで収入に直結し

図A コンクリート製品の製造—バングラデシュ

ないリングの場合，最初は援助機関が衛生教育などの啓発活動を行うとともに補助金を出して推進していた．それが定着してくると，出稼ぎなどにより比較的裕福になった家庭が設置するようになった．それとともに補助金ではなくマイクロクレジット等を利用して設置する家庭も増え，リングの製造も一つの地場産業となった．改善されたトイレはある種のステイタスシンボルとなり，徐々に設置者が増える一方，設置していない家庭に圧力（ピアプレッシャー）がかかり一挙に普及した．リング製造者は，収入を増やすためにリング設置のプロモーターとして機能する一方，支柱や大型容器など他のコンクリート製品も生産するようになり地域の発展に貢献してきた．このような成功体験は，安全な水供給分野などのBOPビジネスに活かすことが可能であろう．

バングラデシュでは，数年前から民間企業が有機凝集剤を用いて表流水を浄化するBOPビジネスを展開している．その製品の販売にはBOP層の女性住民が関与し，販売による収入を得ている．こうした動きを促進するために国際協力機構が2010年度に開始した援助手法に協力準備調査（BOPビジネス連携促進）がある．多くの民間企業等がこのスキームでBOPビジネスを立ち上げているが，バングラデシュの水分野では民間企業が雨水利用，自転車搭載型の膜ろ過装置などの商業化を目指している．国際共生社会研究センターでも，同スキームのもとで2011年から企業と共同で紫外線殺菌ランプによる安全な水の供給システムの普及を試みている．こうした活動がBOP層のどの部分にどう役立つかは今後検証する必要がある．しかし活動内容が現地の「真の需要」に合致し，BOP層の生活・生計向上と企業の利益につながるものであれば企業の利益と現地の内発的発展に貢献できるものと期待している．

コラム5. カンボジア村落部におけるキャパシティ・ディベロップメント

東南アジアに位置するカンボジア王国（以下，カンボジア）は，約30年前までポルポト政権下にあり，またその後内戦が続いていたにもかかわらず現在著しい経済成長を見せている．しかし，その経済成長に伴い都市部と村落部での貧富の格差が生じている．例えば，都市部では道路の舗装や高層マンションの建設が行われており，高級車が行き交い，海外からの観光客のためのレストランやスパなどがある．一方，村落部では車を所有している世帯は珍しく，木で作られた高床式の住宅に住んでおり，1階には調理場や牛の飼育，休憩用のハンモックなどがあり，都市部とはまったく異なる生活習慣であることがわかる．

このような都市と村落部での貧富の差が拡大する中，問題となるのは，いかにして村落部住民への援助効果や開発効果を最大化するかが課題となっている．このような目的に対して，近年，「キャパシティ・ディベロップメント」と呼ばれるアプローチが重要視されている．本コラムは，以下で村落部住民の課題対処能力（キャパシティ）強化による内発的発展の可能性を，カンボジアの水利用という問題から検討する．

さて，カンボジアにおける都市部と村落部の水使用習慣についてであるが，この点でも両者間で差異があり，都市部では水道やウォーターサーバーなどを使用していることが見受けられる．しかし村落部では地下水や雨水，表流水といった水源を使用しており，それらに起因した疾患が問題となっている．ミレニアム開発目標（MDGs：Millennium Development Goals）において，2015年までに安全な飲料水および衛生施設を継続的に利用できない人々の割合を半減することを目標としており，都市化の進展や水に対する需要の増大，水質汚濁問題の深刻化が見込まれていることや気候変動による洪水や渇水

表A　調査対象村における用途別水源の種類（単位％）

用途別水源	カンボジア（A村）							
	乾期				雨期			
	地下水	雨水	河川水	購買水	地下水	雨水	河川水	購買水
飲用	30.8	50.0	3.8	53.8	15.4	88.5	0.0	15.4
調理用	34.6	46.2	3.8	53.8	23.1	88.5	0.0	15.4
炊飯用	34.6	42.3	3.8	53.8	23.1	88.5	0.0	15.4
食器洗い	96.2	0.0	0.0	3.8	92.3	3.8	0.0	3.8
洗濯	96.2	0.0	0.0	3.8	92.3	3.8	0.0	3.8
手洗い	96.2	0.0	0.0	3.8	92.3	3.8	0.0	3.8
トイレ内使用	96.2	0.0	0.0	3.8	88.5	3.8	0.0	3.8
屋内清掃	96.2	0.0	0.0	3.8	88.5	3.8	0.0	3.8
家畜の飲用	100.0	0.0	0.0	0.0	92.3	3.8	0.0	3.8
水浴び（女性）	100.0	0.0	3.8	3.8	96.2	3.8	3.8	0.0
水浴び（男性）	69.2	0.0	0.0	0.0	80.8	3.8	0.0	0.0

注）複数回答可．購買水の水源は河川水

の頻度の増加により水環境が劣化する傾向があることを踏まえると，これまで以上に効率的な水資源，水環境管理が必要である．持続的な水環境管理を行うためには，水使用者である個人の問題意識の向上や改善意識をもつ（主体性や自立・自発性をもつ）ことが必要である．

カンボジア村落部の水使用の観点から主体性や自発性がうかがえる事例を紹介しよう．それは筆者が調査を行っているA村における住民が，雨水や表流水といった水源を飲用するために自発的に料金を支払っていることである（表A）．カンボジア村落部では地下水を汲み上げる管井戸が無数に存在しているが，その管井戸から国内の基準値（0.05 mg/L = 50 ppb）を超えるヒ素が検出されており，住民がそれらを忌避しているため，飲用として用いることができる代替水に対して自ら支払いを行っている（表B）．これは，将来疾病になるリスクと代替水に対する支払い可能額を比較し経済的に妥当な方を選択していると考えられる．この水に対する支払い可能額は，収入額の約6%であることが，筆者の研究[1]で明らかになっており，日本では上下水道料金への家計支出額の割合が1.6%であり，世界銀行のレポートでは，可処分所得の約3%が水に支出適当としていることから，カンボジア村落部における水への支出額が高いことがわかる．このように主体性や自発性を促すためには，各個人のリスクに対する改善意識の有無が重要な鍵であることがわかる．

またリスクと同様に，収入支出額の向上の有無も意識改善する際に非常に重要な要因であると思われる．例えば，雨水や河川水（購買水）といった水源は飲用として自発的に使用されていることがわかっているが，なぜボトル水や水処理薬品などの使用は見受けられなかったのだろうか．調査対象村では，主に3種類のボトル水が販売されており，価格の差が倍近くあることが確認されている．また水処理剤などはカンボジア村落部内

表B 調査対象村における地下水ヒ素濃度と管井戸数の関係

As（ppb）	0	5	10	15	25	50	75	100	175	250	450	500	
井戸数	5	5	0	1	3	3	3	2	2	4	1	6	計35

図A ミョウバン

の商店での取扱いがなく,行政単位が上位にある県等の商店において凝集沈殿剤(ミョウバン,Alum,図A)が販売されていることが明らかになっている.この商店で確認されたミョウバンの1L当りの費用は3R/L(約4,000R = 1 US\$)であることから,これらを飲用として用いた場合の支出額を算出すると,約1,270R/月・世帯であることがわかる(カンボジア国の家族構成が4.7人/世帯である).さらにこの値が可処分所得額の3%とすると,最低限必要な月収入額が約42,000R/世帯と算出される.つまり約11\$以上の収入がある世帯がミョウバンを購入することが可能であることがわかる.しかしながらミョウバンには水の料金が含まれていないため,飲料とする場合は若干費用が増すことが考えられる.次にボトル水を飲料とした場合は,ミョウバンの約180倍(500R～)以上の価格であることから,世帯数や可処分所得の割合を同等とした場合,約2,000\$以上の収入世帯がボトル水を利用できると算出される.これより低所得者が多い村落部では,ボトル水が非常に高価であり代替水として利用できないことがわかる(表C).

以上のことから,低所得者が多い村落部において自発的に安全な水供給を行う場合は,リース,マイクロクレジットやリボルビングファンド等によるファイナンスの仕組みを導入する必要があると考えられる.この仕組みの導入には,次の2点が考察される.

(1) 安全な飲用水の必要性(安全な水供給により健康障害が低減するという長期のメ

表C コキマーケットにおける水供給製品

国名	マーケット名	製品名	価格	投入量	1L当りの価格(R)
カンボジア	コキマーケット	ボトル水(Rabir)	500 R/0.5 L	−	1,000
			3,000 R/6 L	−	500
		ボトル水(HI-TECH)	1,000 R/0.5 L	−	2,000
			2 \$/0.5 L/12 piece	−	1,333
		ボトル水(Lyyon)	1,000 R/0.5 L	−	2,000
			2 \$/0.5 L/12 piece	−	1,333
			2,000 R/1.5 L	−	1,333
			10,000 R/1.5 L/6 piece	−	1,111
		ウォーターサーバータンク(20 L)	5 \$/20 L	−	1,000
		ウォーターサーバータンク内の水の価格	1 \$/L	−	4,000
		ウォーターサーバー空ボトル	4 \$	−	−
		ミョウバン	500 R/150 g	1 g/L	3
			3,000 R/kg		3

4,000 R = 1 \$

リット）を貨幣価値等に置き換えて示し，住民側の理解を得ること

（2）　有効な技術を普及させ，健康改善さらには経済改善につながる手法として，地元の企業等からの出資とサプライチェーンの構築によるビジネスとしての視点をもつこと

以上二つの必要条件を満たすことが，村落部住民の内発的発展につながると考えられる．ただし，行政による補助金による手法は BHN（Basic Human Needs）の観点からは求められている．補助金を依存させないために，ファイナンスやビジネスの工夫を行うことで，住民の内発的発展による健康改善と経済発展にフィードバックすることも必要な条件となると考えられる．

参 考 文 献

1) 眞子　岳，五十嵐堅治，北脇秀敏：バングラデシュ国及びカンボジア国の地下水砒素汚染地域における安全な水供給技術の普及手法に関する研究，国際開発学会，2011.6

5. 行政学から見た内発的発展
― 主体の形成にかかる一試論 ―

5.1 はじめに

　ある地域の内発的発展を企図するに当たっては，地域の中で主体性をもつ有為な人材を育成することが大切である．そのためにも，主体的な学習を前提に，種々の教育システムを構築し活用しなければならない．

　他方で，発展の担い手を当該地域の在住者に限定することは，必要にして十分なのだろうか．主役である地域住民をサポートする担い手も，実は重要な役割を果たすのではないか．むしろ，発展の担い手を地域住民に限定することなく，ある地域の発展に多様な行為者（アクター）が，様々な意思や目的をもって関係し協同することで，内発的発展を遂げることができるのではなかろうか．

　その意味で，内発的発展の内実を，多様な「主体」の間の「関係性」にも配意しつつ，より広義に捉えることも必要になってきているのではなかろうか．そこでは「協働（collaboration）」概念が鍵となるのではないだろうか．

　本章では，以上の問題意識を踏まえ以下の3点について議論する．

　第1に，内発的発展論の代表的論者である鶴見和子と宮本憲一の学説をあらためて検討し，主体性，関係性，ならびに，プロセスという3つのファクターが重要な位置づけをもつことを示す．

　第2に，先行研究サーベイにより，3つのファクターの掘り下げが必ずしも十分ではないことを示す．さらに，3つのファクターを整合的に論じるに当たっては，地域における活動主体の形成過程に着目する研究が優位性をもつことを示す．他方，当該研究では，行為者が相互に関係をもつネットワーク構造と過程に配慮することも重要であることをあわせて議論する．

　第3に，3つのファクターを整合的に検討する方法として，「協働」ならびに

「公共領域」概念の導入を提起するとともに，かかる概念を導入した場合の効果等について議論を行う．

5.2 「内発的発展論」再考

5.2.1 内発的発展の意義―鶴見氏と宮本氏の議論をもとに―

　内発的発展における主要な論者は，社会学者の鶴見和子と経済学者の宮本憲一であるといわれている[注1)]．

　鶴見は，タルコット・パーソンズをはじめ1960年代の米国社会学における近代化論が，英米の先発国を内発的発展者とし非西欧社会を後発国と規定したうえで，後発国は先発国を手本に近代化を図るという意味で外発的発展者であるとしているとみる．このような近代化論の発想の根底にある「先進国=内発的発展，後発国=外発的発展」という，地域を分断し，発展を単純に2分割して捉える考え方に対するアンチテーゼとして内発的発展を位置づける．

　鶴見は，先進国と後発国を峻別し，後発国が経済的社会的に先進国に追いつくあるいは近づくことが発展であるとはみない．同時に，内発的発展論をもともとは後発国および発展途上国からの発想であるとしつつ，先進国にも適用可能であるとする．

　すなわち，「内発的発展とは目標において人類共通であり，目標達成への経路と創出すべき社会のモデルについては，多様性に富む社会変化の過程である」と定義づける．また，共通の目標とは，「地球上すべての人々および集団が，衣食住の基本的要求を充足し人間としての可能性を十全に発現できる条件をつくり出すことである」．このような条件をつくり出すには，「国内および国際間の格差を生み出す構造を変革する」必要がある（以上の引用については，鶴見，1996，p. 9)[21)]．

　それでは，格差を是正する構造改革はどのように行うのか．鶴見によれば，「それぞれの社会および地域の人々および集団によって固有の自然環境に適合し，文化遺産に基づき歴史的条件に従って，外来の知識・技術・制度などを照合しつつ，自律的に創出」（鶴見，1996，p. 9）する．

　敷衍すると，内発的発展を遂げるための構造改革の主体は，各地域社会や住民によって行われる．それぞれの地域の自然・文化・歴史が改革の基礎をなす．そして，社会や住民という主体が，目的ではなく方法として外部にある知識・技

術・制度と交渉あるいは関係しつつ自律的に，過程としての戦略（鶴見は「道すじ」という）を組み立て，人々のまとまりとしての社会システム（鶴見は「社会のすがた」という）と，格差を是正しつつ福利厚生の充実した地域社会（鶴見は「生活スタイル」という）をつくり出す．

このように解釈すると，内発的発展の意義の中に，①主体性，②外部との関係性，③動態としてのプロセスといったキーワードがみえてくる．これらが変数である以上，「多系的発展」つまり単一の発展形式ではなく，多種多様な発展形態を経由することになることは当然の帰結である．

他方，宮本は，戦後の日本における地域開発政策の評価を進めるに当たって内発的発展論を提起する．

まず宮本は，外来型開発を「外来の資本（国の補助金をふくむ），技術や理論に依存して開発する方法」とする（宮本，1989，p. 285）[10]．高度成長期のコンビナート方式を例に，人的物的資源の集中する大都市圏とは異なり，過疎地域では資本が立地しないという．なぜなら，地域開発の成功は産業連関が複雑で，生み出された付加価値が地元に還元されることに起因すると考えるからである．

そこで宮本は，内発的発展に注目する．すなわち，内発的発展とは，「地域の企業・組合などの団体や個人が自発的な学習により計画をたて，自主的な技術開発をもとにして，地域の環境を保全しつつ資源を合理的に利用し，その文化に根ざした経済発展をしながら，地方自治体の手で住民福祉を向上させていくような地域開発」（宮本，1989，p. 294）[10]とする．宮本の考え方は，「資本」，「技術」，「資源」，「合理的」といった用語が示唆するように，依るところの経済学的見地から，内発的発展を経済的な発展の側面に絞っている．

注意する必要があるのは，宮本の考え方は一見すると，内発的発展を地域内部に押しとどめる地域主義のように思われる．産業開発を進める場合には，できるだけ地域内での産業連関あるいは産業循環を生み出すことを志向するからである[注2]．

他方，特定の地域と他の地域，特定の地域と国外の地域との間で分業が進んでいることを率直に認める．さらに，過疎地における財源不足から「大都市圏や中央政府との関連を無視して地域が自立」することは不可能とする（宮本，1989，p. 297）[10]．そこで，宮本の考え方が単純な地域主義の隘路に陥っているのではなく，他の地域との交渉や資源交換の観点を否定するものではない．

ただし，交渉や資源交換が，やや財政的側面に偏するきらいがあるかもしれない．資源には資金や物資だけではなく，人材や情報なども含まれ，地域の枠を超えて移動する．したがって資源交換といった場合，人材と資金と物資と情報を総合的に考察対象にできることが重要である．

以上のように注意深く解釈すると，鶴見とはディシプリンの異なる宮本においても，内発的発展の意義の中に，①主体性，②外部との関係性，③動態としてのプロセスといったファクターがみえてくる．

では，これら3つのファクターの内実はいかなるものであるか，次項でさらに考察しておきたい．

5.2.2 内発的発展論における主体性・関係性・プロセス

鶴見の学説について，後に鶴見と対談を行った歴史学者の川勝平太は，以下のように鶴見理論の特徴を12に整理している（川勝，2008，pp. 15-24）[7]．鶴見は，川勝の整理を否定していない．そこで，川勝に従って鶴見理論の特徴を列挙すれば，①生命論的特質，②開かれた体系性，③対象が創造の過程であること，④関係性に注目した概念であること，⑤アイデンティティ論という特徴，⑥人間論的特質，⑦指導者論的性格，⑧危機を克服する動態論，⑨分析対象を固有の地域におく地域研究，⑩価値多元性，⑪地球志向ないしは全体性を視野に入れた発展論的特徴，⑫原型が日本やアジア発の理論であること，である．

この特徴のうち注目したいのは，本章の目的でもある主体性，関係性ならびにプロセスに関わる，③，④，⑦および⑧である．

③で「創造」とは，自己のうちにある可能性の発現，つまり「創発」を意味する．ここでいう創発とは，自己啓発に代表されるように，主体としての自己が自らの可能性を自覚し努力することである．主体性とみてよいであろう．なお，ここでは他者との関係性については意識されていない．関係性は次の④がとりあげる．

④の関係性では，創発の契機を求めるに当たっては，「外部との出会い」を起爆剤に，「外的要素と自己との緊張関係」を通じて内部にある可能性が成長を遂げて創発する（川勝，2008，p. 18）[7]．ポイントは，「外部との関係性の中から」「社会に固有のものが新しい力となって成長してくる」ことである．

⑦でいう指導者論とは，地域の抱える課題解決のために働く主体に関わる．鶴

見は，鋭い感性，知性，高い倫理観をもった理論家と実務家を「キーパーソン」といい，理論家を「理論的キーパーソン」，実務家を「実践的キーパーソン」と呼ぶ．

⑧の危機克服のダイナミックセオリー性について，川勝によれば，危機に直面した地域社会が眠っていた可能性や力を呼び起こし，危機の実態解明と克服の方向性を示すという．ここでは，「可能性の喚起→実態把握→危機克服」イコール潜在力の発現とし，「発展」している様を示すという意味で静的ではなく動的とみる．

整理すれば，第1に，主体性については自己のうちにある可能性の発現としての創発に関わる．そして創発の発現を円滑に進めるうえで，キーパーソンの存在が重要である．ただし，現在のような情報化社会において創発は，指導者からといったような「上からの」創発というよりも，組織や集団の様々な層で起こりうる．むしろ，人材，資金，物資，情報が流通する窓口的な立場にあるキーパーソンが重要な役割を演じることが多いだろうと予想される．そこで，主体性の問題は，外部との関係性に結びついてくる．

すなわち，第2に，関係性については外的要素いいかえれば外部に存在する人材，資金，物資，ならびに情報と，特定の地域に位置する人材との緊張関係こそが創発の契機である．緊張関係とは，コンフリクト状態のみを意味するわけではなく，もっぱら日常的に情報を中心とする交換行為が行われる状況をも指している．いわゆる書面による契約に基づいた関係だけではなく，非公式の関係も含む．このような関係性は一過性のものではない．特定地域の主体が経験する単なる出会いから，不定期の交流あるいは定期的な交流，そして創発的な成果の産出という段階が，連続的というよりも断続的に展開されるだろう．つまり，関係性には時間的な軸が関係する．

第3に，プロセスについては内発的発展概念に時間軸を導入することを示している．これは t 時点における特定の地域の状況と，$t+1$ 時点の状況との変量について論じることである．ただし，変量といっても定量的に捉える必要はなく，定性的でもかまわないと考えられる．なぜなら，川勝が述べていたように発展している様を示すことが内発的発展論の必要条件であるためであり，示す方法については特段の制限を置いていないからである．

以上，内発的発展論を再考し，主体性・関係性・プロセスの3つのファクター

を抽出してきた．次に，このようなファクターが先行研究でどのように取り扱われてきたか，検討することとしたい．

5.3 内発的発展にかかる先行研究の展開

内発的発展に関する研究は膨大な量にのぼる．守友（2000）[11]によれば，国際関係論，社会学，財政学，地域経済学，あるいは農業経済学などの広範な分野で議論が行われてきている．

ここでは，概念そのものに関する考察を行った文献は除きつつ，諸学のディシプリンの枠をあえて超え，以下，第1に制度等の地域への影響分析，第2に産業発展と地域経済の関係分析，第3に発展の条件ないしモデル分析，第4に主体形成過程の分析，の4つの分析軸を柱として整理を行う．

5.3.1 制度や政策が地域に及ぼす影響を考察するもの

ここでいう制度とは，狭義には法制度を意味するのが一般であるが，これにとどまらず人間行動の定型化されたパターンを含む．例えば，法に至らない慣習も含む．

例えば，武井（2007）[19]は，タイにおける一村一品運動（One Tambon One Project：OTOP）である「かご」の生産に注目し，所得・意識・消費行動に与える変化を聞き取り方式によるアンケート調査などをもとに定性的に分析している（なお，類似のものとしてチョウドリ（2007）[2]）．

山田（1989）[23]は，西川潤が指摘した内発的発展の4つの特性（①経済学のパラダイム転換，②共生の社会づくり指向，③組織形態の参加・協同主義・自主管理性，④地域主権と生態系重視に基づいた自立性と定常性）をもとに（西川，1989，p. 17）[12]，協同組合などの制度的枠組を検討する．そのうえで，住民や生産者などの主体を明示しつつ，各主体間の関係性について図式を用いた分析を行っている．

劉（2005）[14]は，中国における地域経済発展のパターンとして内発的発展を遂げた浙江省と外発的発展を遂げた広東省の2つを対比しつつ論じたのち，（中国）東北地方における外発的開発の現状を問題視して内発的発展に向かう方策について考察を行っている．多くの分析軸が置かれるが，政治，資金循環，貿易や国有

企業に関する制度を中心とする．

この類型の先行研究は，制度や政策の導入前後の変化を分析し，政策的課題と解決策を抽出する点に特徴がある．主体や，主体間の関係性については一定程度指摘されるものの，プロセスについては十分な検討が行われておらず，概して静的な分析となっている．

5.3.2 「市場」を前提に産業発展と地域経済の関係を論じるもの

内発的発展を「市場」との関係で論じている先行研究には，ある地域の特定の産業に着目し，当該産業の発展状況と域内経済に及ぼしている影響について論じるものが多い．

例えば，池上（1993）[4]は現代日本における地域自立と東京一極集中問題を分析するにあたり，鶴見の議論を基礎に市場経済を踏まえた経済学的視点で分析を加えている．地域の諸資源を生かしつつ，都市との交流を行うことにより情報，交通，流通などの仕組みを整える道を提唱する．主体や関係性，とくに後者を重んじた議論を行う．

他方，加藤（2003）[6]は中国温州における市場経済化の進展をとりあげ内発的発展の状況を論じる．また，松島（2007）[9]は中国寧波における金型産業の集積状況を分析し，内発的発展の制約要因に言及する．

これらは，経済動向や産業構造の変化等の解析を直接の考察対象としており，内発的発展の主体についてのとりあげは断片的で，関係性についての考察も行われていない．プロセスについては一定程度言及されている．

5.3.3 内発的発展の条件ないしはモデルを考察するもの

この類型では，内発的発展のための方法論としてなんらかの条件，さらに一歩進んで新たなモデルを検討しようとする．

例えば，内発的発展の条件を抽出する文献として，米岡（2001）[25]は，教育の目的を検討したのち，内発的発展のための教育の成立条件を整理する．そしてノンフォーマル教育が，かかる教育目的や方法を達成するのに有効であるとし，さらにノンフォーマル教育の成立する要素を考察する．

示唆に富むのは，整理された教育の6点の成立条件である（米岡，2001，pp. 118-119）[25]．第1に自己の力の認識，第2に自分と地域との関わりや世界全体

との関わりの理解，第3に可能性を有する他の人々を認識，第4に自分との関わりで世界的課題の発見，第5に社会ニーズに基づく価値観や倫理観の確立，第6に知識・技術の学習，である．これらの成立条件は，自己の能力の認識等の主体性とともに，自分と地域，ならびに自分と世界といったような関係性を重視したものである．

佐竹（2001）[15]は，フィリピンにおける外発的発展のオルタナティブとして提唱された民族的工業化論や発展の基準論などの「もう一つの発展論」を整理し，第1に民族的工業化，第2に自立経済，第3に公正，第4に民主，第5に参加，第6に環境，という発展過程における6つの基準を抽出する．続いて，これらの基準をフィリピンの地場産業に適用して，地場産業発展の条件を析出している．民族工業化自体が主体性と明らかに関係を有しており，発展過程においては経営者による組織結成や関連産業の集積の視点などの関係性も認められる．

他方，これらの研究では，プロセスに関しては十分な考察が行われていない．この点で，産業集積と内発的発展にかかるモデルを考察した金は，一定の時間的経過を含意しつつ考察する．

金（2010）[8]は，主体間の連携性とプロセスを重視する．まず，地域革新体制（Regional Innovations System：RIS）とクラスター概念を比較しつつポイントを整理する．続いて，外発的発展戦略ならびに従来の内発的発展戦略について，ケーススタディも踏まえて批判的に検討を加える．そのうえで，ヨーロッパにおける研究動向を踏まえて，地域の資源とパートナーシップに基づいた発展と定義される，アミンらの新内発的発展戦略を導入する（Amin, 1999 ほか）[1]．最終的には，この新たな発展戦略をもとに，「最近のグローバル化過程で変化する外部環境への対応と予測する能力」も域内の協力や社会的資本としての制度的集積と同様に重視することが求められるとする．

金によれば，クラスターとほぼ同義に扱われる RIS は「地域発展を図るため一定地域で知識を創出，拡散，活用する過程」（金，2010, p. 67）[1]である[注3]．空間的に限定された地域における「革新」，つまり知識の創出が核であるという．限定された地域の範囲については，制度的ネットワークの密集性が発展できる領域であり，信頼と協力が構築され他面接触が可能な範囲と規模を想定する．また知識の創出には，距離的に近接した協力とパートナーシップを通じた累積的学習過程が前提となる．そのうえで，RIS とクラスターは，「集合的効率性を追求し，個別

行為の偶然的な外部行為と意識的に追求した共同行為の結果である」(金, 2010, p. 72)[1]とする.

以上みてきたように, モデル的思考では, 地域の発展に資する政策や制度づくりを丁寧に行ったうえで, 地域の内外を問わずに, 様々な主体を有機的に連携していこうとする点に特徴を有している. その意味で, 主体性ならびに関係性を深化させるためのダイナミックな創意工夫がエンジンの役割を果たしている. また, 連携のもつ学習機能をとりあげる研究がみられる点が特徴的である. さらに, 主体間の信頼に言及されている点が注目される.

他方, 産業集積の議論が基礎にあるため, 連携やパートナーシップを地理的に一定の範囲に限定している点や, 外部との関係も中央政府や自治体などの行政部門との関係に限定されている点で, やや狭きに失する感がある. 学習機能等の醸成には, 必ずしも空間的に限定を加える必要はないのではなかろうか. さらに, 時間軸を導入しているものの, 必ずしも十分な検討が行われているわけではない点も指摘できるだろう.

5.3.4 プロセスに着目しつつ主体の形成過程を重視するもの

濱口 (2004)[3]は, 主体形成過程を重視する見地より, 宮本以降の内発的発展論の先行研究の中には,「『内発的発展』に関わる定義は, ……事例の『内発性』を測るための『条件』に読み替えられている」ものが多いという. すなわち, 内発的発展論を用いた先行研究は, 本来の動的性格が欠落してしまっているようにみられるとともに, 様々に行われていた議論は「発展後の社会」つまり成功事例の側からみた「静学的な分析」となっている, と指摘する (濱口, 2004, pp. 70-71)[3].

濱口の指摘は正しい. これまでの文献サーベイで明らかとなったように, 主体性や連携性についての議論は深まりつつあるものの, どのように主体が形成されているのか, というプロセスに着目した研究に乏しく, あっても十分とはいいがたい.

そこで濱口は, 社会教育分野の鈴木 (1997, 1998)[17,18]のモデルを用い, 新たに主体形成のフレームを構築している.

鈴木は, 内発的発展のための地域づくりの担い手を育成する「地域づくり教育」を実践するモデルを教育三類型（定型教育, 不定型教育, 非定型教育）に組み込

む.地域づくりには,学校教育形態を柱とする「定型教育」と,個人の学習活動や趣味のサークル活動のような自己教育活動を中心とする「非定型教育」が基本である.しかし,両者の間に生じる矛盾を止揚する「不定型教育」が重要であるという.不定型教育は,個人レベルの活動が,ある目的のもとに「組織化」されたものである.例えば公民館活動や社会教育などがある.「組織化」された主体は,定型教育から目的に応じて必要なことを選択しつつ学習し,地域づくりに必要な力量を形成していくことで,内発的発展を遂げる可能性がみえてくる.

他方,濱口は,鈴木の議論が結果ではなく過程を分析しており,これまでの内発的発展研究に多く見られた条件羅列型に内在する問題を解決できる可能性を指摘する.しかしながら,「主体の『学びの場』の議論に終始してしまって」おり,「情報提供・サポート役としては,定型教育の場にある『教育機関や行政』を挙げており,その範囲が限定的である点が特に問題である」(濱口,2004, p. 73)[3] とする[注4].

そこで濱口は,地域づくりに欠かせない情報やノウハウや新たな発想を提供可能な来訪者の存在に注目する.外部からの来訪者を,鶴見のいう「漂泊者」に見立て鈴木のフレームに修正を加える.定型教育を行う地域の教育機関と,外部のある漂泊者の両者が,地元で展開される個人やグループの非定型教育を刺激し,不定型教育として組織化されることとなる.この考え方の導入により,主体性と関係性が明確に意識されるとともに,不定型教育として組織化される過程についても明らかにされる可能性をもつ点ですぐれている(図5.1).

しかしながら,主体形成フレームにも課題がある.そもそも鈴木は,住民の行

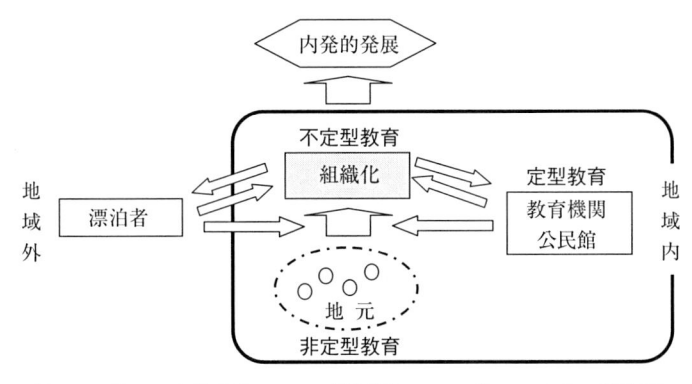

図 5.1 濱口の主体形成フレーム[注5](濱口,2004[3], p. 73 を一部修正)

う「地域づくり学習」を援助し組織化する「『地域づくり教育』は，不定型教育の典型として，非典型教育のかたちをとって多様に展開している地域住民の自己教育活動と，学校教育的形態をとった定型教育とを媒介し，教育全体を組織化していく際の中核となる」(鈴木，1997，p. 133)[17]とする．このように，不定型教育では，組織化という点に重点があるにもかかわらず，この点について十分に解明されていない[注6]．

ひるがえって鈴木の研究を精査すると，住民主体の地域づくりの学習活動は，第1にネットワーキングに支えられた地域集会活動，第2に地域調査学習，第3に地域づくり実践（協同性と公共性の形成），第4に地域計画づくり，の4点が要諦であり，「螺旋構造」であるという（鈴木，1997，pp. 141-142)[17]．とくに，第3点の地域づくり実践による協同性の発揮と，その結果としての公共性の形成を重んじる．この学習活動を支援する不定型教育としての「地域づくり教育」は，人と人との「つながり」を基礎とするネットワーキングを支援し，種々の調査学習を支援し，住民が実践する際のサポートを行うこととなる．

すなわち，内発的発展に資する地域づくりの主体を形成していくためには，特定の課題を解決することを目的に，活動する意欲をもった主体的ネットワークの形成をもとに，住民が自らの生活の場を中心に学習し（非定型教育），必要に応じて教育機関の教育を受ける（定型教育）ことが前提となる．さらに，かかる定型教育と非定型教育を止揚する役割をもつ不定型教育については，外部の種々の漂泊者からの情報やノウハウも得つつ，同時に漂泊者とネットワーク化することが，結果的に地域住民のエンパワーメント（主体的力量形成．鈴木，1997，p. 18)[17]に資する．

つまり，コミュニティの住民，地元行政と教育機関，さらに漂泊者としての国，他の自治体，コンサルタント等の企業，外部のNPOなどの間のネットワーク，しかもその「構造」が重要であり，これらネットワークの形成「過程」を解き明かすことが内発的発展の考察に欠かせないものと考えることができる．構造と過程に注目することが，内発的発展にとって重要なキーワードである主体性，関係性ならびにプロセスを含んだ考察へ端緒を開くと考えられる．

それではかかる構造と過程へどのようにアプローチできるのか．以下，試論として検討してみたい．

5.4 内発的発展のための「協働」概念の導入（試論）

5.4.1 公共領域と協働概念

筆者は既に，政策的課題解決のために形成される，行政，企業そしてNPO等の間のネットワーク構造を分析するために，二つの概念—公共領域と協働—を提示している．そして両者を用いて，ネットワークの形成「過程」を含んだ，組織化に近い形態の「構造」を分析するための考察を行ったことがある（稲生，2010）[5]．

ここで「組織化された」構造とはいわず，「組織化に近い形態」といういい方をしているのには理由がある．現代社会はガバナンスレジームとも称されることがあるように，公共的な課題を解決するには，市役所のような特定の行政組織だけでは，人材と資金と物資と情報など必要な資源を調達することは難しい．そこで，多様な主体（アクター）の力を借りつつ，課題解決に当たることとなる．

しかしながら，一般にはそれぞれのアクターは別の組織に属している．このため，課題の特性に応じてリアル（＝現実的）に，またインターネット等を通じてバーチャル（＝仮想的）に協力しつつ解決に当たることが一般化している．これらの協力状況は，行政組織の範囲を超えて，関係するアクターによるネットワークが形成されている状況である．かかるネットワーク的状況を説明し解析するには，新たな概念を用意する必要がある．これが公共領域という「組織的な」概念である．

すなわち，公共領域とは，協働が行われる現実のあるいは仮想的なシステムである．また，公共領域における「協働」とは，複数の組織ないしは行為者が対等な資格で，政策的課題の解決のために領域横断的に行う自発的かつ透明で開かれた協力関係ないし共同作業である（両概念の理論的説明については，稲生，2010, pp. 41–48 を参照）[5]．

5.4.2 公共領域および協働概念の内発的発展への導入

公共領域で展開される協働には，「政策的課題を解決する」という目的がある．他方，内発的発展における主体形成過程においては，地域内の住民が，「地域課題を解決する主体的力量の形成を図る」（鈴木，1997, p. 19）[17] ことが目的である．

そこで，主体的力量の形成されていない状況をもって内発的発展を阻害する要因とみなし，このような要因の除去を地域の政策的な課題とみるならば，「協働」概念を援用することも許されるものと思われる．

そこで，前掲した図5.1の濱口の主体形成フレームに，公共領域および協働概念を導入し解釈し直すと，以下の図5.2のように記述することができる．

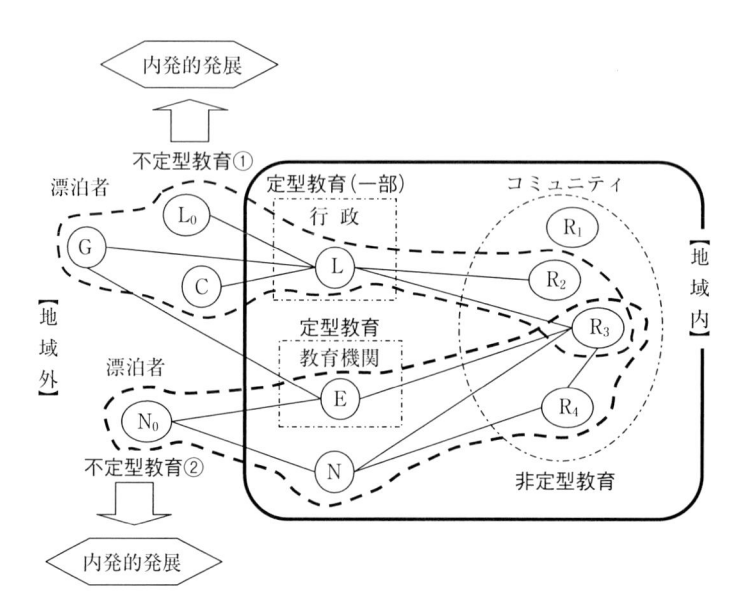

図5.2 協働型内発的発展フレーム

(図注)
1. 図中で文字の記載のある○は，主に各種の団体を表す．ただし，専門家のような個人であってもかまわない．
2. 漂泊者のうち，Gは中央政府，L_0は他の自治体，N_0は地域外のNPO，Cは外部コンサルタント等の情報・ノウハウの提供企業を示す．地域内のLは地元自治体，Eは学校等の教育機関，Nは地域内のNPO等の団体を示す．団体の場合，現実にネットワークを組むこととなるのは，それぞれの団体のうち，対境担当者としての行為者（アクター）である．コミュニティの中のR_nは個々の住民を示す．
3. 地域づくりにおいて非定型教育が行われるのは，地域内のコミュニティが中心であると考えられることから，図5.1の「地元」をコミュニティへ置き換えた．
4. 行政は教育機関そのものではない．他方で，内発的発展に資する研修のような教育機能を有している．そこで，厳密には定型教育の範疇には入らないものの，類似機能も一部では提供しているとみて「定型教育（一部）」と表記した．学校等は，行政部局ではなく，教育委員会の所管にあるのが一般のため，行政とは区分した．
5. アクター間の結びつきを線で示した「紐帯」は，一例にすぎない．なお，地域内の1点鎖線は見やすくするために便宜的に囲ったものにすぎず，何ら意味をもたない．
6. 太い破線は，協働が成立し組織化に近い状況が顕現している状況，すなわち公共領域を示す．

協働型内発的発展フレームの特徴は，アクターどうしの関係性を「つながり」を意味する紐帯（ちゅうたい）で接続している点にある．このように紐帯で示すことによりネットワークの可視化が可能である．同時に，可視化された構造を分析することもできる．例えば，ネットワーク構造を分析するには社会ネットワーク分析が用いられるのが近時の趨勢であり，これによって，鶴見が強調したキーパーソンを計量的に抽出することも可能である[注7]．もちろん，構造的計量的にキーパーソンを抽出するだけではなく，実地調査により関係者からの聴取をもとに定性的に理論的キーパーソンあるいは実績的キーパーソンを抽出し，役割や機能を記述することも重要である．

図5.2では，組織化され公共領域の形成をみた不定型教育のケースを二つ例示している．

不定型教育①では，住民としてはなんらかの非定型学習に取り組むR_2およびR_3[注8]，定型教育としては行政L（例えば講習会），外部の漂泊者としては，中央政府G，コンサルタントC，および近隣の自治体L_0を想定する．これらアクター間のネットワーク化を通じて協働が行われる結果，組織的な状況が顕現して活動が構造化した，つまり組織的状況としての公共領域（図5.2上部の破線で囲まれた部分）が形成されたことを示している．

不定型教育②では，住民としてはなんらかの非定型学習に取り組むR_3とR_4，定型教育としては教育機関E（例えば学校），地域内のNPOであるN，外部の漂泊者としては，地域外の支援NPOであるN_0を想定する．以下，説明は不定型教育と同様であり，公共領域（図5.2下部の破線で囲まれた部分）が形成されたことを示している．

構造面をみると，住民R_3と行政Lには紐帯が多くなっている（それぞれ4本，5本）．紐帯が多いことは情報の流れを多くもつ可能性が高い．したがって，キーパーソンである可能性も高いこととなる．

ところで，これらの関係性をネットワークつまり主体間の「つながり（＝紐帯）」とし，理論的定量的に分析可能としたのが社会ネットワーク分析である．ネットワークの形成過程を検討することによって，プロセスについても分析することが可能である．仮に，社会ネットワーク分析で用いる用語を使えば，接触頻度の低い「弱い紐帯」から接触頻度の高い「強い紐帯」へと移行することで，ネットワークのもつ効果が変化する可能性がある．内発的発展は，このようなネット

ワーク状況によって影響を受けることになる．

さらに紐帯の質を，アクター間の信頼を用いて測定し把握する研究も行われている（企業間のネットワークと信頼についての先駆的研究として若林（2006）[22]．行政を中心とする信頼については稲生（2010）[5]）．

5.5 お わ り に

本章では，内発的発展論の代表的論者である鶴見和子と宮本憲一の学説をあらためて検討し，主体性，関係性，ならびにプロセスという3つのファクターが重要な位置づけをもつことを示した．

続いて，かかる三つのファクターが過去の研究においてどのように取り扱われてきたか，先行研究の四つのカテゴリーからサーベイした結果，とくにプロセスの側面において掘り下げが不十分であることを明らかにした．そのうえで，三つのファクターを整合的に論じるに当たっては，地域における活動主体の形成過程に着目する研究が優位性をもつことを示した．他方，当該研究では，構造と過程に配慮することが重要であることをあわせて議論した．

そのうえで，三つのファクターを整合的に検討する方法として，「協働」ならびに「公共領域」概念を提起し，主体形成に配慮した内発的発展論の展開を可能とする方法論について試論的に考察を行った．

なお，本試論では以下のような課題が考えられる．

第1に，協働ならびに公共領域概念は，そもそも政策的課題を解決することに主眼がある．そこで，学習を目的とする主体形成の側面へどこまで適用ないし類推が可能か，理論的な検討が不十分であることを率直に認めざるをえない．

第2に，不定型教育自体の関係性の問題である．筆者は，不定型教育が地域の中に多様に存在するものと考えている．すると，それぞれの不定型教育が相互にどのような影響を及ぼすのか，ネットワークどうしの影響の問題など，検討が必要である．

第3に，主体形成と内発的発展の成果との関係の評価である．過程の側面を重んじる一方で，どのように内発的発展に結びつくのか，慎重な分析を要する．

これらを筆者に課せられた今後のテーマとして結びとする．

注

注1) 帯谷らによれば，大きくは，鶴見和子らを中心に社会学や国際経済学の流れと，宮本憲一らを中心に財政学や地域経済学の流れの二つに分かれる（帯谷，2002)[13]．

注2) なお，宮本の内発的発展論には複数の批判が行われている．豊田（1998）はこれらのうち，成瀬龍夫，重森暁，ならびに杉野閂明の批判をとりあげ内容を整理する．豊田は，杉野（1987）[16]の主張によれば，宮本のいう地域内の需要を前提とした生産形態については地域主義であるという（豊田，1998，p.39)[20]．

注3) クラスターとの関係については，強調される要素により違いが出るもののほぼ同等のものと扱われている．

注4) ただ，前半部分の批判は正しくないように思う．鈴木は，後にみるように学びの場としての議論だけを行っているわけではない．地域づくりの自己教育活動を，個々の人々のネットワーキングから地域社会発展計画づくりに至るダイナミックな過程として理解する．公民館については，単なる「自由なたまり場」（自己解放の場）としてではなく，「集団活動」も非定型教育の重要な役割の柱として位置づける（鈴木，1997，pp.132-133)[17]．

注5) 濱口（2004，p.73）の図を，趣旨を改変しない範囲で多少修正した．鈴木のフレームとの違いは，漂泊者と，おそらく地域を意味するであろう太枠部分が付加されている点である．

注6) なお，濱口は，個人が学習によって蓄積した力をもとに課題に立ち向かい，せめぎあいの中で課題が克服されるプロセスを経て，「不定型」段階にいくという（濱口，2004，p.72)[3]．鈴木の「不定型」の用法とは異なっていると思われる．

注7) 社会ネットワーク分析については，安田（2001)[24]を参照．

注8) なお，R_1 は，コミュニティに居住しながら非定型教育に参加できていない状況を示す．

参 考 文 献

1) Amin, A.：An Institutionalist Perspective on Regional Economic Development, *International Journal of Urban and Regional Research*, **23**（2），365-378, 1999
2) チョウドリ・マハブブル・アロム：バングラディシュの地域経済発展における日本の経験導入の可能性（下）―グラミン銀行と一村一品モデル的分析，世界経済評論，**625**，55-67，2007
3) 濱口恵子：内発的発展論研究における内発性の再検討―主体形成過程を着眼点として―，農林業問題研究，**40**（1），70-75，2004
4) 池上　惇：内発的発展論と国民経済，経済評論，**42**（4），142-147，1993
5) 稲生信男：協働の行政学―公共領域の組織過程論―，勁草書房，2010
6) 加藤健太郎：研究者欄 中国の市場経済化と内発的発展―温州の経済発展と産業集積，世界経済評論，**47**（9），47-57，2003

7) 川勝平太：内発的発展論の可能性，川勝平太・鶴見和子『「内発的発展」とは何か―新しい学問に向けて』，藤原書店，pp. 14-33，2008
8) 金　良圭：地域革新体制構築における内発的発展モデルの有効性考察，名城論叢，**11**（2），65-89，2010
9) 松島　茂：中国における産業集積の内発的発展と企業成長：寧波の金型企業を中心に，社会科学，**79**，109-128，2007
10) 宮本憲一：環境経済学，岩波書店，1989
11) 守友祐一：地域農業の再構成と内発的発展論，農業経済研究，**72**（2），60-70，2000
12) 西川　潤：内発的発展論の起源と今日的意義，鶴見和子・川田　侃編『内発的発展論』，東京大学出版会，第1章，pp. 3-41，1989
13) 帯谷博明：『地域づくり』の生成過程における『地域環境』の構築―『内発的発展論』の検討を踏まえて，社会学研究，**71**，191-213，2002
14) 劉　偉東：中国における地域経済の二つの発展方式―東北地方を事例とする外発的発展の現状と内発的発展への道（日本地域経済学会第16回大会特集），地域経済学研究，**15**，1-10，2005
15) 佐竹眞明：フィリピンにおける地場産業発展の条件，西川　潤編「アジアの内発的発展」，藤原書店，第7章，pp. 204-230，2001
16) 杉野圀明：地域経済をめぐる理論的諸問題，立命館経済学，**36**（1），63-95，1987
17) 鈴木敏正：学校型教育を超えて―エンパワーメントの不定型教育（講座 主体形成の社会教育学1），北樹出版，1997
18) 鈴木敏正：地域づくり教育の誕生―北アイルランドの実践分析，北海道大学図書刊行会，1998
19) 武井　泉：タイにおける一村一品運動と農村家計・経済への影響，高崎経済大学論集，**49**（3），(4)，167-180，2007
20) 豊田昌秀：地域開発と内発的発展論―宮本憲一氏の所説に関連して，一橋研究，**23**（1），27-43，1998
21) 鶴見和子：内発的発展論の展開，筑摩書房，1996
22) 若林直樹：日本企業のネットワークと信頼（京都大学経済学叢書8），有斐閣，2006
23) 山田　満：第三世界における「もう一つの発展」―内発的発展と三つの事例を中心に，現代の理論，267，pp. 41-57，1989
24) 安田　雪：実践ネットワーク分析―関係を解く理論と技法，新曜社，2001
25) 米岡雅子：内発的発展と教育―ノンフォーマル教育の意義―，西川　潤編「アジアの内発的発展」，藤原書店，第3章，pp. 94-120，2001

コラム6. 開発をめぐる相克—フィリピン・セブ市における高架橋論争—

　誰が，どのようなタイプの開発がセブのような都市に向いていると決めることができるのか．これは，フィリピン・セブ市で今まさに問われている問いである．それはM・J・クエンコ通りとマキシロム将軍通り，そしてゴロルド通りとレジェス大司教通りの交差点という二つの場所に総額6億ペソ（1ペソ＝約1.8円）をかけて二つの高架橋を建設する問題に端を発している（図A，B）．

　このプロジェクトは，セブ第2地区（セブ市とその他いくつかのバランガイを含む）選出の国会議員であるラウル・デル・マールによって2005年に提案されたもので，その後2010年に正式に計画は承認された．さらに提案後の2005年，セブ州知事，セブ市長，その他の民間および自治体からの代表によって構成される地域開発評議会（Regional Development Council），そしてセブ地方が属する全国第7区によって支持を受けた．マールは，それ以前にセブ市の北部地域で，レジェス大司教通りとJ・ルナ交差点の間，レジェス大司教通りとN・G・エスカリオ交差点，そして，バニラ通りとA・S・フォーチュナ交差点の間の3件の高架橋建設に携わっていた．この高架橋建設計画が承認されたのはグロリア・マカパガル＝アロヨの任期中だったが，新大統領ベニグノ・C・アキノが就任した後，その着工は容易には進まない可能性もあった．しかしセブでは，新市長

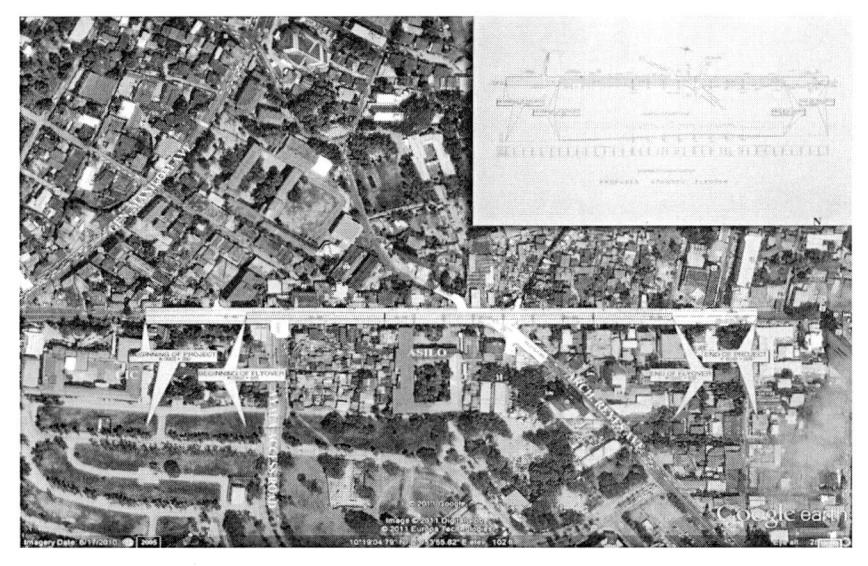

図A　ゴロルド地区に計画されている高架橋建設予定地（1）
(http://www.facebook.com/photo.php?fbid=2314970067459&set=o.199758290090226&type=3&theater)

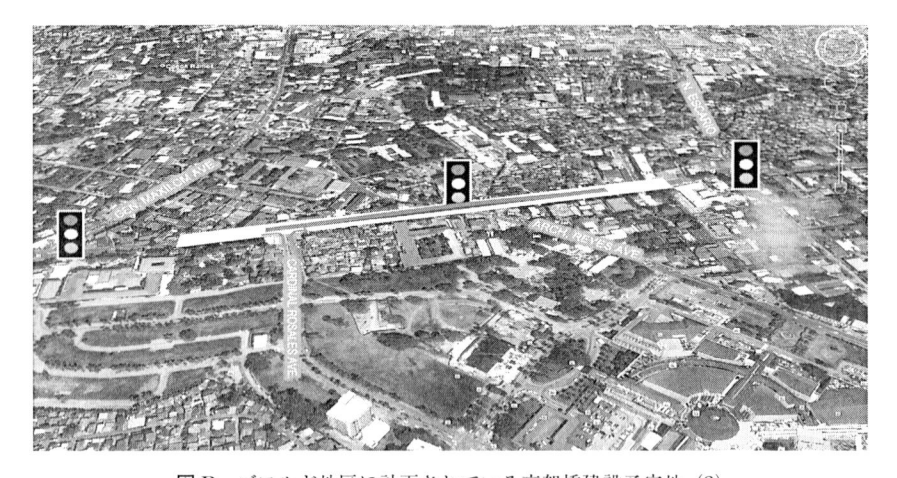

図 B ゴロルド地区に計画されている高架橋建設予定地（2）
(http://www.facebook.com/photo.php?fbid=2340515586081&set=o.199758290090226&type=3&theater)

のもと，そして父の後を継いでセブ第2地区選出の国会議員となったデル・マールの娘の任期中に実行に移されることが見込まれていた．

しかし，高架橋建設計画に対して，セブの各方面から抗議の声があがっていた．2005年，そして2011年のいずれの段階においても，事前に住民の声を汲み取ろうとしなかったためである．道路の拡張，洪水対策，下水対策，より普遍的な都市計画，飢餓対策や雇用創出，住宅供給といった貧困階層向け福祉プロジェクトがないままに，高架橋に6億ペソを支出することの妥当性が問われたのである．その結果，高架橋問題をめぐって，政治家の間，あるいは政治家と抗議グループ（学者，聖職者，若年層，メディア，専門職，障害者，貧困層等からなる横断的グループ）の間，そして抗議グループと高架橋計画を推し進める政治家の支援者の間で対立が深まっていった．推進側は，デル・マール一派，そしてセブ市長（現在国会議員でもある），現職の副市長，そして彼らを支持する選挙民達であり，反対派は現職のセブ市長と「ストップ・セブ高架橋運動」（SCFM）を進める前出の抗議グループからなっていた（図C）．推進派と反対派はいずれも，様々な手段を用いて高架橋問題に関する主張を繰り広げた．そして，セブ市の外に出て，高架橋問題に携わる政府機関である公共事業高速道路部門，国政に携わる政治家達，そして大統領府へ通じる様々な政治的チャンネルにもち込まれることとなった．

このように，高架橋問題は未だに決着を見ていない問題であるが，この現在進行形の問題から学ぶことは大いにあるだろう．それは，ガバナンスや都市開発の目的とプロセスであり，いずれも理論と実践の面から興味深いものである．このコラムでは，参与観察によって得られた情報と文献，報道，インターネット・メディアから，様々な社会的諸集団がそれぞれ開発計画を構想し，相克することの意味を考えていきたい．

コラム 6

図 C 「ストップ・セブ高架橋運動」ポスター
(http://www.facebook.com/groups/stopcebuflyoversmovement/)

○セブ高架橋反対運動からセブ生活環境改善運動へ

　2011 年 9 月 6 日，SCFM は商業，若年層，都市貧困層，メディア，研究者，聖職者，建築家やエンジニアなどの専門職といった市の様々なセクターを，上述の二つの 6 億ペソ規模の高架橋計画を即座に停止させるという共通の目的の下にまとめあげ，反対運動を展開していった．

　これに先立つこと 10 日ほど前，ゴロルド通りの住民は，公共事業高速道路部門（DPWH）から 8 月 26 日の会議に招待されていた．この会議では，高架橋建設プロジェクトの入札プロセスの開始が公表されていた．しかし，ゴロルドのステークホルダーにとっては，これがプロジェクトの概要を知り，反対運動の存在を知る初めての機会であった．そのため，事前のそして計画実施中の諮問プロセスがないことを問題視され，事前にマスタープランを提示することの必要性が，この会議で，そして事後的にメディア

やセブ市当局への投書やセブ市長ミカエル・ラマへの陳情によって訴えられていくこととなった．さらに，会合，決議，マニフェスト，声明，高架橋反対ソングなど，メディアを通じた宣伝キャンペーンが9月から展開され，フェイスブックでは4,000名の支援者を集めた．9月の段階で，SCFMは問題提起するグループ，より多くの参加者を反対運動に引き込もうとする宣伝のグループの二つから支持を得ていたのである．

抗議運動の拡大を受けて，セブ市の交通運営局（Cebu City Traffic Operations Management）は，提案されている二つの高架橋を必要とするような交通状態にはないこと，それ故にこの高架橋計画は不必要であることを決議した．高架橋計画が，渋滞を理由とされていたことを受けての反応であった．そして，セブンス・デイ・アドヴェンティスト教会を中心とした宗教グループも高架橋問題に異議を突きつけていった．この宗教グループは，アシロ・ミラグロサからのカトリック女性修道士とともに高架橋建設に反対していったのだが，それは，歴史的な宗教建造物を破壊する可能性が憂慮されたためであった．

反対運動が始まって約1か月後，SCFMは「住みよきセブ運動」（Movement for a Livable Cebu：MLC）へと統合され，持続可能性と参加型ガバナンスが論点として打ち出されていった．これに，ドーン・ロザリー（Dawn Rosary）のような宗教活動に従事するグループなどが追随し，より広範囲にこの問題が告知されていった結果，学生，聖職者，バランガイカウンシルなど，セブ第7地区の様々なグループに反対運動は浸透していった．それは時にセブを超えて広がり，史跡保護，環境的に持続可能で住みやすい都市を求める支持声明が多く寄せられていったのである．ここに至って，高架橋建設の主唱者であるデル・マールとの対話が始められたのだが，計画を中止させることはできなかった．そこで中央政府の各省に抗議声明などの陳情書が送られることとなった．その中でも最も重要だったのは，ベニグノ・アキノへの書簡であった．この頃，グリーンアーバニズムに関する国際会議がフィリピン大学都市地域計画学部によって主催されていた．

予期せぬ，しかし歓迎されるべき工事中断命令がDPWH次官によって発せられたのは10月7日のことであった．この命令によって，高架橋建設計画は一時休止となった．10月29日までに，アキノ大統領はメモランダム25号を通じて交通計画技術委員会に普遍的で統合された交通計画を提案するよう求めた．つまり，間接的にではあるが，高架橋計画の見直しを大統領が求めたのである．1か月後，アキノ大統領は，デル・マールとセブ市長ミカエル・ラマと別々に面会した．しかし，この日までに，高架橋問題に関する結論は出されなかった．その結果，推進派と反対派はさらなる支持拡大を目指して，政治家や政府，セブ市内外でロビイング活動を続け，未だに決着を見ていないのである．

○ガバナンスと住み良きセブの理想

以上で述べたセブ市の経験は，第一義的には高架橋は建設されるべきかを問うものでありながら，同時にガバナンスの徹底と「住み良き都市」を求める住民意識を導いた点

で興味深い．セブの住民は何ゆえ，ガバナンスと「住み良き街」を求めたのか．この問題は，フィリピンの都市開発に重要な洞察をもたらしてくれる．

ガバナンス概念は，ここ10年近くの間にその定義を多様化してきた．例えば，1997年に国連開発計画（UNDP）は，この概念を「市民や集団が彼らの利害を集積し，法的権利を行使し，義務を果たし，その利害の相違を仲裁する，すべてのメカニズム，プロセス，機関を含む，国事運営を担う経済，政治，行政上の当局による全ての統治実践」(the exercise of economic, political and administrative authority to manage a country's affairs at all levels, including all mechanisms, processes and institutions through which citizens and groups articulate their interests, exercise their legal rights, meet their obligations, and mediate their differences) と定義づけている．2000年には，ジョン・ピエールがガバナンス概念を，様々な目的をもつ主体の間での持続的な調整と統一の機能 (sustaining coordination and coherence among a wide variety of actors with different purposes and objectives) とし，ガバナンスが統治行為だけに適用すべきではないことを示唆している．2002年になると，カナダのガバナンス研究所は，「社会や組織が重要な決定をし，誰が関わり，どのように説明を行うのかを決定する過程」(the process whereby societies or organizations make important decisions, determine whom they involve, and how they render account) とガバナンスを説明している．近年，こうした定義だけではなく，さらに「参加型」(participatory)，「コンセンサス重視」(consensus-oriented)，「説明責任」(accountablity)，「透明性」(transparency)，「責任の明確化」(responsive)，「効果的」(effectiveness)，「効率的」(efficiency)，「平等性」(equitablity)，「包括的」(inclusiveness)，「法の支配」(rule of law) などの計10点の要件が加えられるようになった．

セブでは，MLC運動が現在，当局による統治行為に留まらない問題としてガバナンスの重要性を提案しており，「住み良き」セブに向けたコンセンサス形成を目指している．ガバナンスの問題と「住み良き」都市の問題がいかに解決されうるのかは，現時点ではまだ見通しが得られていない．しかし，確実なのは，この現在進行形の経験がガバナンスをめぐる知見を変えつつあるということである．これまでの中央集権的な政治家と官僚達を遠ざけ，様々なセクターからなる多様なステークホルダーを巻き込んで，今後の開発がなされていく可能性が，この経験の先にあることを信じたい．（ストップ・セブ高架橋運動と住み良きセブ運動に関して，ルディー・アリックス氏による情報提供に感謝したい）

参 考 文 献

1) http://www.facebook.com/groups/stopcebuflyoversmovement/
2) United Nations Economic and Social Council: Definition of basic concepts and terminologies in governance and public administration, 2012（http://unpan1.

un.org/intradoc/groups/public/documents/un/unpan022332.pdf, accessed February 8).
3) United Nations Economic and Social Commission for Asia and Pacific : What is Good Governance? (http://www.unescap.org/pdd/prs/ProjectActivities/Ongoing/gg/governance.pdf, accessed February 8, 2012).

6. 内発的発展の進化とインセンティブ
―いかに市場経済に対応すべきか―

6.1 はじめに

　内発的発展論は1970年代半ば頃から，市場経済が急速に進展し，人々の生活が近代化し，地域の資源が経済発展に使用され，地域の伝統や文化が喪失しつつある中で，利益追求型で地域への還元の少ない経済システムに対抗する形で出現してきた．内発的発展に関する定義については国内外で議論されてきているが，その基本的定義には大きな差異はない．鶴見（1999）[1]によると，内発的発展は「それぞれの地域の生態系に適合し，地域の住民の生活の基本的必要と地域の文化に根ざして，地域の住民の協力によって，発展の方向と道筋を作りだしていくという創造的な事業」という特徴を有する．内発的発展は，地域を分析単位とし，人間の成長を究極の目標に置いた多系的な発展モデルである．また，近代化が国家や地方自治体などによる上からの画一的な開発政策と結びつきやすいのに対し，内発的発展は地域固有の生態系と伝統的文化を踏まえて，地域の住民が主体となって取り組み，近代化政策に異議申し立て，社会的運動の側面をもっているとしている（久保，2002）[2]．

　さらに，内発的発展は自己に根付いた（self-oriented）発展プロセスを得て発達し，こうしたタイプの開発によって生じた価値の大部分はその地域に配分あるいは消費される．地域資源による内発的発展へ依存した開発は地域への関心と将来を見通したポジティブでダイナミックな影響を与える．しかし，こうした発展のポテンシャルは多様な要素に依存しており，地域発展と市場経済との連携をも包含する．例えば，最近の経済発展に伴う技術開発は農業を地域資源への依存から切り離し，エコシステムをベースとした営農方法や生産プロセスが次第に失われてきている（Jan Douwe v. d. P. *et al*, 1995）[6]．

本章では，こうした内発的発展に関する定義を基礎としつつ，内発的発展を市場経済とどのようにリンクするか，あるいは内発的発展を進化させるために市場メカニズムをどのように取り入れるべきか，を考慮しつつ議論を展開する．例えば，地域固有の伝統や文化，技術，特産物などを用いた内発的発展は市場において差別化および細分化を図ることで，いわゆるニッチ市場を形成し利益を生み出し，それを地域へ還元することができる．こうした内発的発展はその本来の特質を失うことなく，内発的発展による便益を広く一般消費者にも享受してもらうと同時に地域には利益をもたらすことが可能となる．

これらの点を考慮して，本章では，主に内発的発展の進化経路とそのためのインセンティブについて議論する．まず議論に先立って進化型の内発的発展を「地域固有の資源を利用した地域自立的な経済活動で市場メカニズムを融合し，地域住民は財やサービスの供給者として利益を生み出し，需要側である消費者はそうした財やサービスにアクセスすることで効用を高めることができる」と定義する．また，本章では内発的発展の組織面にも焦点を当てて，とくに経済的なインセンティブを付与することで組織がうまく機能し，自立した共同行動（collective action）を導き出すことについても議論する．これに関連する事例分析として水管理組織の民主的な活動へ向けたインセンティブに関して簡単なゲーム理論を用いて分析する．

6.2 内発的発展の要素と進化のフロー

内発的発展の基本的な定義については簡単に上述したが，ここでは以下に示す表6.1と図6.1を用いて追加的な説明を行う．内発的発展がその定義通りにとどまることは，地域を取り巻く社会・経済の状況の絶え間ない変化を考慮すると困難が伴う．むしろ，そうした変化を取り入れて内発的発展を進化させることが組織と活動を活性化することにつながる．

6.2.1 内発的発展の要素

まず，表6.1に内発的発展の要素とその内容についてまとめてある．内発的発展の五つの要素として，①物質的および精神的な人間の基本的なニーズ，②主権と価値観に基づいて社会内部からの発展，③自立的で地域住民の活力と資源の利

表 6.1 内発的発展の要素と内容

要素	内容
①基本的ニーズ	・物質的・精神的な人間の基本的ニーズの充足 ・すべての人間が自己表現，創造，平等，共生等に対するニーズと充足の方法の確保
②内発的である	・自らの主権の行使，価値観と未来の展望に対する社会の内部からの発展
③自立的である	・内発性の基盤は自立性 ・自然的・文化的環境の下で，地域住民の活力と資源の利用
④エコロジー的に健全	・地域の生態系を将来世代を考慮して現世代が持続可能な方法で開発・利用とそのための適正技術の適用
⑤社会・経済構造の変化が必要	・地域の社会関係，経済活動とその空間的な分布，権力構造を含む経済社会構造の変化

出典：西川（1989）[4]，pp.13-14 をもとに著者作成

用，④持続可能な開発手法の適用，そして⑤地域を取り巻く社会・経済構造の変化への対応，が挙げられる．これらの要素はいずれも内発的発展の定義に内包されている．とくに，前者の四つの要素は内発的発展の基本的な要素で，これらのいずれかを無視した発展は内発的発展とは言えなくなる．すなわち，基本的な要素は，地域の人々と資源を中心として持続可能な方法で地域資源を開発・保全し，人々の自己表現，創造，平等，共生等に対するニーズと充足するような発展を追求することにある．

ただし，上記の要素⑤については，内発的発展が地域，国，国際レベルで変化する社会・経済システムに対してどのように対応すべきか，という課題を投げかけている．これは内発的発展がこうした変化する社会・経済システムの影響を受けてどのように変化に適応して進化していくべきか，という問題に帰着する．これからの内発的発展は基礎的な要素を維持しつつ，変化する社会・経済システムに適応できる多様な態様を有する進化型の内発的発展が求められる．そうした多様な発展こそが異なる地域の基本的な要素をベースとした内発的発展の進化につながると考える．

6.2.2 内発的発展の進化フロー

一方，図 6.1 はこれらの要素を取り入れた内発的発展の基本型（図中の網掛け部分を除く）を図示したものである．同図では三つのステージ，すなわち Inputs,

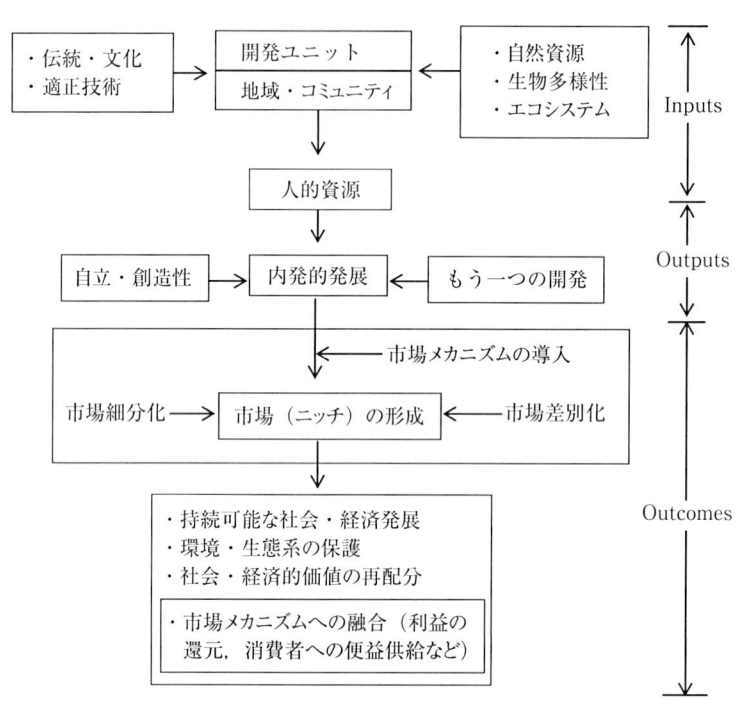

```
          ・伝統・文化      開発ユニット      ・自然資源
          ・適正技術    →  地域・コミュニティ ← ・生物多様性
                                              ・エコシステム    } Inputs

                              ↓
                           人的資源
                              ↓
          自立・創造性  →   内発的発展   ←   もう一つの開発    } Outputs

                  ┌─────────────────────────────┐
                  │            ← 市場メカニズムの導入       │
                  │            ↓                         │
          市場細分化 → │ 市場（ニッチ）の形成 │ ← 市場差別化      │
                  │            ↓                         │
                  └─────────────────────────────┘
                    ・持続可能な社会・経済発展                       } Outcomes
                    ・環境・生態系の保護
                    ・社会・経済的価値の再配分
                    ┌──────────────────────┐
                    │ ・市場メカニズムへの融合（利益の │
                    │   還元，消費者への便益供給など）│
                    └──────────────────────┘
```

図6.1 内発的発展の基本型と進化型

OutputsおよびOutcomesというフローに沿って内発的発展の展開を示している．とくに，Outcomesステージは内発的発展が地域社会にどのような形で貢献しているかを判断する基準となる．この基本型では地域社会を中心に自立と持続可能な発展を目的とした自己完結型の成果を求める．同図において基本型に網掛け部分で示す市場メカニズムを組み入れた図は内発的発展の進化型を示している．これによりOutcomesステージは地域外部に対する地域資源の市場開発（外部性効果を含む）を通して，地域への便益の還元を可能とする．これは，上記の要素⑤の社会・経済構造の変化の影響を受けて，それに対応する形で進化していくことを求められる．しかし，そうした変化をどの程度受け入れるかは内発的発展と市場開発的発展（後述する）との仕切りをどこに置くかによって異なる．原則的には上記の五つの要素を逸脱しない範囲で市場メカニズムを融合することが必要であろう．

	保全	
	保全する	保全しない
開発する	A	B
開発しない	C	D

図 6.2 開発か，保全かのマトリックス
出典：吉永（2008）[13]，p.89

6.2.3 内発的発展から見た開発と保全

　内発的発展には地域の自立性に基づいて，地域資源を開発するかあるいは保全するか，について適切な判断が求められる．当然のことながら，こうした開発と保全は持続可能な開発の定義に沿ったものでなければならない．すなわち，そうした開発は"将来の世代が自らの欲求を充足する能力を損なうことなく，今日の世代の欲求を満たすことである"（WCED, 1987）[11]．図 6.2 には，開発と保全に関して，地域資源を開発するか否か，あるいは保全するか否かに関してマトリックスを作成してある．このマトリックスは四つの開発と保全の組合せによる選択肢 A，B，C，D を提供する．同図を用いて内発的発展の決定過程を見ていくことにしよう．

　結論的にいえば，最も持続可能な発展として望ましいのは A（開発する，保全する）である．地域資源を持続可能な方法で開発利用することは現世代が便益を得るとともに次世代に資源を持続可能な方法で残すとともに，現世代が開発した資源をアセットとして移転することになる．B（開発する，保全しない）は，地域資源から現世代のみが便益を得ることが可能で将来世代の意見を反映しない開発方法である．逆に C（開発しない，保全する）は，現世代は地域資源から便益を得ることなく，次世代にそのまま引き継ぐことを意味する．また D（開発しない，保全しない）は，現世代および次世代とも地域資源から便益を得ることなく社会的厚生を低下させている状況にある．この図から理解できるように，内発的発展は地域資源の発展性の可能性を見極め，地域のリーダーシップと自立性に基づいて，持続可能な方法で開発と保全を行うことである．

6.3　内発的発展の進化と経路

　この節では内発的発展の過程に市場メカニズムを考慮した進化型について分類

するとともに，その経路について考察する．内発的発展の進化は上述の定義に従うが，ここでは内発的発展の要素を維持しつつグローバル化による外部要素，とくに発展の過程でいかに市場メカニズムを取り入れて新たな市場を開発し，その利益を地域の自立と発展を基本とする持続可能な内発的発展の原資として進化すべきか，について議論する．

6.3.1　内発的発展の進化パターン

図 6.3 は内発的発展と市場開発を規定する基本的な要素をもとに，内発的発展と市場開発的発展における進化プロセスの経路を示している．内発的発展は A 点を起点として，自立性や地域の発展への度合いが強くなるにつれて，内発的発展は $A \to B_1$ の経路を通じて成熟する．この時点で，内発的発展は地域外へ向けてテイクオフできる条件が整ったといえる．

一方，後述する政策ベースの内発的発展は政府あるいは地方自治体の支援を得ることにより，まず内発的発展は利益を得ることが可能となり，最終的には市場

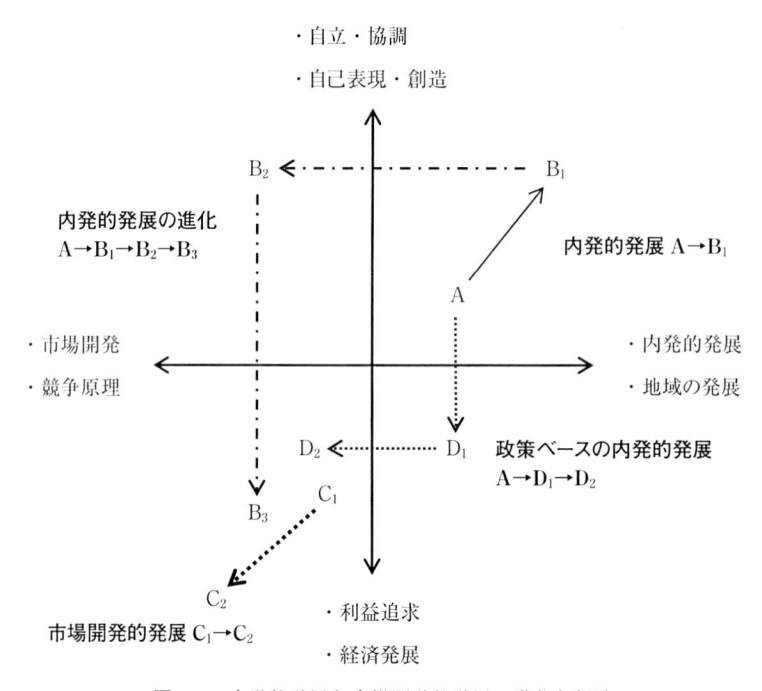

図 6.3　内発的発展と市場開発的発展の進化と経路

の開発につながる．ただし，この場合においても市場規模は小さく，それは内発的発展の意図や要素を損失するものではない．

次に，内発的発展が進化する場合を考えてみる．内発的発展が成熟した段階 B_1 において，インセンティブとして市場メカニズムを融合すると利益を拡大することが可能となり，その経路は $A \rightarrow B_1 \rightarrow B_2 \rightarrow B_3$ となる．この場合，内発的発展の主体は市場化へ向けて一定の制約条件を課すことで内発的発展の基本的な原則を守ることが必要である．例えば，地域の自然資源の持続可能な開発や伝統・文化の保全などを目的とする場合である．仮に，何ら制約条件すなわち地域として規律やルールを課すことなしに市場化を進めるならば，結果として市場開発的発展の場合（図 6.3 における $C_1 \rightarrow C_2$）と同じになる．こうした内発的発展の進化の例に見るように，基本的な内発的発展に何らかのインセンティブが与えられると，多くの場合利益を追求する形態へと移行する可能性が高い．この状況において内発的発展としての特質を維持し地域社会へ貢献する自立した組織であり続けるためには，いかに適切な方法で市場メカニズムを内発的発展に統合するかにかかっている．

6.3.2 二つの内発的発展モデル

鶴見（1989）[3]は，表 6.2 に示すように，内発的発展として二つのモデルすなわち社会運動としての内発的発展モデル（モデル①）と政策ベースの内発的発展モデル（モデル②）を提案している．とくに，モデル②については内発的発展の進化型として捉えることが可能で，この場合には政策的なインセンティブが付与されており，地域住民の自立的な活動に対して公的機関が側面的に支援を行う場合である．公的機関の支援には内発的発展のスタート・アップにおける資金の貸付，技術的な指導あるいは既存のプログラムとの連携などが想定されるが，それらは

表 6.2 二つの内発的発展モデル

モデル	内発的発展の態様
①社会運動としての内発的発展モデル	・政府または地方自治体が，近代化政策を推進する場合に，特定の地域の住民が異議申立ての運動として起こす社会運動である．
②政策ベースの内発的発展モデル	・特定の地域の住民が，その地域の自然生態系と文化・伝統に基づいて創り出す地域発展の手法を，政府または地方自治体がその政策の中に取り入れる場合である．

出典：鶴見（1989）[3]，p. 55 をもとに著者作成

モデル② ─→ タイプ
(表6.3より)
　　　　　①基本型を維持：経路は原点 A で内発的発展の要素を維持
　　　　　②基本型から利益追求へ移行：経路は A→D_1 で地域へ便益
　　　　　③基本型から市場開発的発展へ移行：経路は A→D_1→D_2

図 6.4　内発的発展モデルのタイプ分類

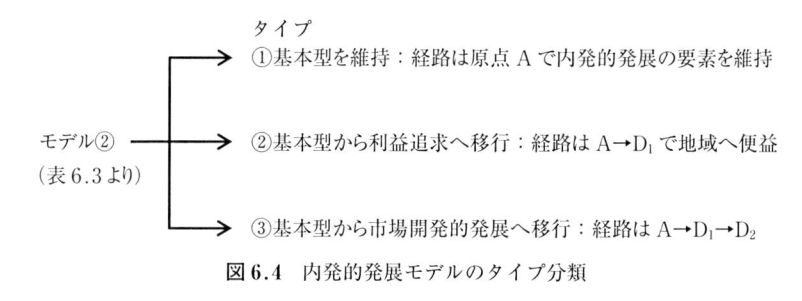

限定的で地域住民の発意や自立性を歪曲するようなものであってはならない．ここで，モデル②における市場メカニズムとの関係を見てみよう．図 6.3 を参照すると，モデル②は A → D_1 → D_2 という進化の経路をとる．まず，内発的発展の基本型である起点 A から D_1 へ移行し利益追求により地域経済発展に資するようになり，最終的には D_2 に移行し，市場メカニズムを融合し市場開発を促進する経路を踏襲することが想定される．この場合においても内発的発展の要素をいかに維持しながら市場開発との調整を図るかということが課題となる．こうした点を考慮すれば，図 6.4 に示すように，モデル②はさらに三つのタイプ，すなわち基本型を維持（タイプ①），基本型から利益追求へ移行（タイプ②），および基本型から市場開発的発展へ移行（タイプ③）に分類される．したがって，モデル②において内発的発展をどのタイプに展開するかは，当該地域における利害関係者の決定と合意に基づくことになる．

6.3.3　内発的発展と市場開発的発展の要素比較

これまで内発的発展が市場開発を通じて進化する過程についていくつか進化経路によるモデルをもとに考察してきた．ここで，さらに内発的発展と市場開発的発展との相違点について考える．表 6.3 の列には生産要素・手段，市場メカニズムの導入の程度および政策的関与のあり方について，また同表の行には内発的発展の進化過程を 4 段階に分けて示してある．ただし発展段階④は，完全に市場開発的発展を目指した開発であることに注意されたい．まず，内発的発展の進化過程である発展段階①，②および③における生産要素・手段について相違はない．ただし進化が進むにつれ，単に地域に対する利益還元を目的とした活動からより市場メカニズムを融合した市場開発を促進するようになる．ただし，市場メカニ

表 6.3 内発的発展と市場開発的発展の比較

発展段階	生産要素・手段	市場メカニズム	政策的関与
①内発的発展	・地域資源 ・伝統・文化 ・生物多様性 ・エコシステム など	・自立性 ・持続可能性の追求 ・地域の活力	・コミュニティの基本的ニーズへの支援 ・基本的な制度整備 など
②政策ベースの内発的発展	・①と同様	・①と同様 ・利益の追求	・①と同様 ・政府・地方自治体の支援 ・組織によるインセンティブ
③内発的発展の進化	・①と同様	・①と同様 ・市場開発（ニッチ市場） ・価格，需要などの市場情報	・①と同様 ・政策的関与 ・組織によるインセンティブ
④市場開発的発展	・土地 ・労働力 ・資本	・利益追求 ・革新的技術の適用 ・グローバル化と市場の拡大	・市場拡大・確保のために支援（補助金，関税，規制緩和，基準化など）

ズムの導入には限界があることに留意しなければならない．同表における発展段階④の市場開発的発展は生産要素として，土地，労働力および資本をもとに市場メカニズムを積極的に取り入れた市場拡大を目指す．また政府の関与も極力市場を歪曲するものではなく，規制緩和や基準化などグローバル化の促進に貢献するような政策対応が中心となる．これに対して，内発的発展はあくまでも地域資源を地域のイニシアティブにより開発し，その利益は地域住民の自立を促進し，活性化することを目的としている．そこには市場開発的発展とは利益追求，利益の還元，必要な政策関与などにおいて明らかに相違が存在し，それが内発的発展の存在意義となっている．

6.4　内発的発展の進化型の事例考察

この節では，内発的発展の基本型に市場メカニズムを取り入れた進化型の事例について考察する．事例1については地域の自然や伝統・文化を用いた市場開発としてニッチ市場の開発について議論する．この事例についての内発的発展の基本型から進化型へのフローについては上述した図6.1に示してある．また，事例2についてはフィリピンにおける水管理組織に対する政策的インセンティブを付与することで，組織の強化，共同行動，生産性の向上，農家の収入増加などを促

進することで内発的発展に資する事例として紹介する．これは表6.2に示したモデル②の政策ベースの内発的発展に属する事例である．

6.4.1 事例1：内発的発展によるニッチ市場の形成

内発的発展が市場開発的発展へ向かう経路としては，政府の支援を受けることなしに自立的に進化する場合，すなわち図6.3において，進化経路 $A \to B_1 \to B_2 \to B_3$ と上述の政府の支援を受けるタイプ $A \to D_1 \to D_2$ の二通りがある．ここでは後者の政府によるインセンティブを受けるタイプにおけるニッチ市場の形成に関して議論する．ニッチ市場とは，特殊な市場の開発を意味する．ニッチ市場は商品（財）やサービスを差別化（differentiation）し，市場を細分化（segmentation）することによって，市場における強固なシェアを確保しようとする戦略である．しかし，市場が特殊であることから，消費者の嗜好の変化に柔軟に対応しにくいという欠点を有している．今日，多くの農村において，農村における地域の特産物を用いたニッチ市場の開発は地域活性化の手段として適用されてきたが，多くのケースは消費者の嗜好の変化やコピー商品の出現によって消滅し，生き残ったケースも経済的にペイしているケースは少ない（吉永，2001)[5]．

しかし，農村におけるニッチ市場の開発は，他に雇用機会やビジネスチャンスが少ない地域にとって有効な市場である（OECD，1995)[8]．表6.4は，列に農村地域における自然資源，伝統・文化，環境・アメニティをとり，行には商品（財）とサービスをとり，農村地域で生産可能なニッチ商品とサービスで区分したマトリックスを表示してある（Lane and Yoshinaga, 1994)[7]．このマトリックスに示すような商品やサービスの開発を目的にした農村地域における内発的開発の可能性を追求することは地域固有の資源を用いたニッチ市場の開発につながる．この事例を進化過程に適用すると，まず地域における起業家精神を有するリーダーの存在に加えて住民と資源を保有する利害関係者の参加型の協力が必要である．これにより地域の資源を用いて地域固有の方法で独自に内発的に商品あるいはサービスを開発する．かつて大分県の平松知事が提案した"一村一品運動（One Village One Product Movement)"は類似の開発手法といってよい．この一村一品運動はJICA（国際協力機構）の支援策としてアジアやアフリカ諸国の途上国でも適用されている．

こうした地域の取組みに対して，政府は地域の発意と自立による起業のスター

表6.4 農村地域におけるニッチ商品とサービス

	自然資源	伝統・文化	環境・アメニティ
商品（財）	(1) 付加価値のある農産物および海，川，森の農村資源を利用した商品 ・高品質の果物，野菜，きのこなどの農産物や林産物 ・伝統的な技術によるチーズ，ワイン，燻製など ・有機栽培による農産物 ・希少な植物による薬草など	(2) 伝統的な文化，技術，祭り，などに関連した商品 ・陶器などのクラフト ・手作りの刺繍や玩具 ・伝統的な家具，食器，絨毯など	(3) 質の高い自然環境を有する農村地域がもたらす商品 ・穏やかな気候，景観など研究センターやハイテク企業などの移転をもたらす環境 ・ローカルエネルギー，ミネラルウォーターなど原材料となる希少な資源
サービス	(4) ツーリズムやレクリエーションなど農村の自然資源を利用したサービス ・伝統的な民宿 ・ハイキング，スキー，魚釣り，カヌーなどのガイド ・地方色豊かな料理を提供するレストラン ・ホリデーファーム ・エコミュージアムなど	(5) 農村の伝統・文化，遺産などを利用したサービス ・地方のミュージアム ・地方の慣習や祭り ・歴史的な記念碑や水利構造物の公開 ・伝統的な建築物の公開など	(6) 農村の環境やアメニティを市場化したサービス ・ホリデービレッジやレストハウス ・ヘルスフィットネスセンター ・宿泊施設を備えた会議・研修センターなど

出典：Lane and Yoshinaga (1994)[7], p.16

ト・アップのための資金貸与や商品のラベリングや使用材料に対する認証制度などの制度整備が求められる．開発した商品やサービスに関する質の向上など生産体制を整えることにより，ローカルな市場から国内市場に向けて固有のニッチ市場を開発することも可能となる．

6.4.2　事例2：水管理組織に対する政策的インセンティブ

　表6.5を用いて二つの内発的発展モデルを紹介した．モデル②の政策ベースの内発的発展は政府の政策インセンティブを受けて市場メカニズムを取り入れることで，さらにこのモデルを三つの進化型のタイプに分類した．ここではタイプ②に相当する事例として，フィリピンにおける農業用水に関わる水管理組織の活動

表6.5 制度的インセンティブ（フィリピン，UPRIISの事例）

	契約の内容	インセンティブ
タイプI	・ゴミの除去 ・雑草や障害物の除去 ・水路の清掃	・NIAは水管理組織に月額2,400ペソ（55米ドル）を支払う．
タイプII	・灌漑料金の徴収	・NIAは水管理組合が最低51%以上の徴収率を達成すれば，2～15%の範囲でコミッション料を支払う．
タイプIII	・水管理組織への小規模な灌漑システムの維持管理の移譲	・水管理組合は，建設費用や施設のリハビリの経費を償還額から自らの判断で支出できる．

出典：Ofrecio（2005）[9]をもとに作成

を取り上げる．一般的に，こうした水管理組織は日本をはじめ水田農業を営む多くのアジア諸国に存在している．水管理組織は河川や水路から取水する農民が形成する組織で，水配分システムの管理，公平な水配分，水料金（灌漑料金）の徴収などの諸活動に関わっている．また，水配分をめぐる上・下流のコンフリクトなどに対して民主的な方法，すなわちWater Democracy（Shiva, 2000）[10]により解決策を模索してきた．しかし近年，農業を取り巻く変化，例えば農民の老齢化，若者の農業離れなどにより，水管理組織の機能も低下してきているのが実態である．

フィリピンの国家灌漑庁（NIA：National Irrigation Administration）は灌漑地区や組織の維持管理を中心に活動を行っている．中部ルソンに位置するUPRIIS（Upper Pantabangan River Integrated Irrigation System）は世銀や日本の援助を受け完成した10万ヘクタールを超える受益地を有する灌漑システムである．この灌漑システムには各地域に異なる水管理組織（フィリピンでは灌漑組織：Irrigation Association）が組織され，一定の灌漑ユニットごとに活動が行われている．NIAは灌漑事業の完成後，灌漑システムの規模や水管理組織の活動の成熟度を判断し，上述した活動を水管理組織に移譲するIMT（Irrigation Management Transfer）を促進している．こうしたIMTの一環として水管理組合の自立と維持管理に関する自主的な活動を支援するために政策的なインセンティブを付与している．

表6.5に示すように，NIAと水管理組合は，灌漑システムの維持管理に関して三つのオプションを有する契約を交わしている．すなわち，タイプIは水路の清

掃に関するもので，水の流れを阻害する水路のゴミや雑草の除去で，土水路の場合は3.5km，コンクリート舗装水路の場合は7.0kmについての日常の作業を行うことで月額2,400ペソ（55米ドル）の支援を受けることができる．タイプⅡは，NIAが水管理組織に灌漑料金（irrigation service fee）の徴収を委託する場合で，これにより水管理組織は最低51％以上の徴収率を達成すれば2～15％の範囲でコミッションを受け取ることができる．さらにタイプⅢは，小規模の灌漑システムを水管理組合がNIAから管理を移譲され，建設費用や施設のリハビリの経費を償還額から自らの判断で支出することが可能となる．

この事例は制度的なインセンティブとして，水管理に関する内発的な活動を促進し，結果として営農という経済活動の発展を促す．例えば，ある水管理組織ではタイプⅡの契約により灌漑料金の徴収率は100％を達成し，効率的な水管理が可能となり，それにより生産性の向上を図り組合員の収入増加につなげている．さらに，水管理組織の組合員が必要な活動に対して共同行動をとることで組織のみならずコミュニティ社会の結束力の向上にも寄与することになる．

6.5　内発的発展の組織面における調整機能

すでに議論してきたように，内発的発展は自立性と地域性を尊重する．言いかえれば，組織内部の調整機能が上手く機能することにより，はじめて組織としての自立性が確立される．また，自立的な内発的発展を促進するためには，場合によっては組織内部で何らかのインセンティブを付与することも必要である．ここでは，灌漑システムの水管理組織における内発的発展を促進するために組織内における調整機能について議論する．上述したように，かつて水管理組織における意思決定は民主的な方法で行われ，結果として灌漑システム全体の維持管理，効率的な水配分，コミュニティ開発などへ直接的あるいは間接的に貢献してきた．とくに，地域が旱魃により水不足に直面したとき，水管理組織の民主的な調整機能，上述のWater Democracyが機能することにより，上・下流の受益者間で公平な水配分に対する役割を果たしてきた．また，Water Democracyに基づいた効率的な水管理は気候変動に対する適用策（adaptation measure）としても有効である．こうした点を考慮して，以下では河川あるいは灌漑水路における上・下流農家の水配分をめぐるコンフリクト問題を事例として取り上げる．その解決策と

して，水管理組織における組織自らの経済的なインセンティブの付与が組織としての調整機能を改善し，本来の自立的な内発的発展を促進することにつながることを簡単なゲーム理論を用いて分析する（Yoshinaga K, 2012）[12]．

6.5.1　下流農家による上流農家に対する支払い

いま，同じ河川や水路を利用して営農を行っている上・下流の農家グループを想定する．利用可能な水量によって生産量，そして収入が支配される．下流の農家は，上流の農家が下流の水不足を考慮することなく効率的な水利用を行わないと指摘する．一方，上流の農家は水管理には余計な労働と時間が必要であるとして反論する．図 6.5 は簡単な戦略型の 2×2 ゲームを示しており，プレイヤーは上・下流の農家，戦略は水管理に対して "努力する" および "努力しない" である．また，両プレイヤーの戦略の組合せによる利得を $a>b>c>d$ で表す．利得は社会的な便益を考慮して決定する．ここで，上流の農家の水管理に要するコストを x_e，下流の農家による上流の農家の適切な水管理に対する支払い額を t とする．

図 6.5（a）は両農家が水管理規則に沿って公平な水分配に協力しているケースで，ナッシュ均衡（両農家の戦略の均衡）は（努力，努力）で，利得は (a, a) となる．このケースでは上流の農家が下流の農家の便益のために自らの労力と時間を水管理の効率改善のために使用していることを示している．言いかえれば，水管理組織が有効に機能しており，上流農家の努力のコストが彼らの水管理活動に内部化されている状況にある．しかし，ここで上流農家が努力のコストを認識しその機会費用が高いことに気付き，規則を破り適切な水管理を怠ることになる．

図 6.5（b）に示すように，努力のためのコスト x_e は彼らの留保価格を満たすために他の活動に使用される．その結果，上流農家にとっての最適戦略は，$b>a-x_e$ ならば "努力しない" となる．このケースではナッシュ均衡は（努力しない，努力する）で利得は (b, c) で，下流農家は利用可能な水量を減少させ利得は a か

		下流	
		努力	非努力
上流	努力	(a, a)	(c, b)
	非努力	(b, c)	(d, d)

(a)

		下流	
		努力	非努力
上流	努力	$(a-x_e, a)$	(c, b)
	非努力	(b, c)	(d, d)

(b)

		下流	
		努力	非努力
上流	努力	$(a-x_e+t, a-t)$	(c, b)
	非努力	(b, c)	(d, d)

(c)

図 6.5　インセンティブとしての支払い

ら c へと減少する．この結果，両農家はしばしば適切な水管理をめぐって対立することになる．

ここで組織内のルールとして，図6.5（c）に示すように下流農家が上流農家の水管理の努力に対して，移転額（あるいは補償額）t の支払いを行ったとすると，利得は $(a-x_e+t, a-t)$ となる．すなわち，$b-a+x_e<t<a-b$ の範囲で上流農家は水管理の努力に対し補償が行われたことになり，水管理を実施する．こうしたコンフリクトの解決策として，経済的インセンティブが有効で両農家のパレート改善に資する．

6.5.2 上流農家に対するペナルティ

さらに，組織内のルールとしてペナルティを課すことも水管理のインセンティブとして有効である．図6.6（a）は上流農家が水管理を怠ることで高い便益を得ているケースを示している．このとき，ナッシュ均衡は（努力しない，努力する）で利得は (a, c) である．この状況において，両農家は対立関係にある．ここで，上流農家に対して水管理を怠っていることに対してペナルティ p が課されると，図6.6（b）に示すように利得は $a-p$ と減少する．これにより，$p>a-b$ ならばナッシュ均衡は（努力する，努力する）となり，利得は (b, a) となる．経済的手段としてのペナルティはコンフリクトを解消するのに有効で，上流農家は水管理を行うことになる．

		下流	
		努力	非努力
上流	努力	(b, a)	(c, b)
	非努力	(a, c)	(d, d)

(a)

		下流	
		努力	非努力
上流	努力	(b, a)	(c, b)
	非努力	$(a-p, c)$	(d, d)

(b)

図6.6 インセンティブとしてのペナルティ

上記の簡単なゲーム理論分析によって，組織内部においてインセンティブを付与することで上・下流農家が水配分をめぐるコンフリクトを解決することが可能なことを示した．内発的発展には異なる利害関係者が参加することが地域の多様性を包含し，発展の可能性を高めるとともに，一方では利害の対立が生じやすい．こうしたコンフリクトに対する対応策として，組織としてインセンティブを含む

明確な規律やルールを策定しておくことが必要である．また，このインセンティブは組織の民主化を促進し，結果として内発的発展の基本的な目的である自立性の促進および地域の組織としての結束力の強化につながることになる．

6.6 お わ り に

　内発的発展は，その定義から地域住民の自立的かつ自己創造的な行為と活動により，地域固有の自然，伝統・文化，知識と技術などを生かして持続可能な地域の発展を目指すものである．しかし，地域を取り巻く社会・経済状況は絶えず変化し続けており，そうした変化にいかに柔軟に対応できるかが課題であるといってよい．内発的発展に社会・経済の変化をどのように取り入れるかは地域資源の特質や発展の程度などの条件によって異なる．しかし，共通していえることは，①内発的発展の基本要素に市場メカニズムをどの程度まで，またどのような方法で取り入れればよいのか，あるいは②市場開発的発展との仕切りを明確にするために定義そのものをどう適用していくのか，また，③組織内部から何らかのインセンティブを付与することで市場開発に適合できる発展形態が可能となるのか，などの問題への対応が求められる点である．本章ではこうした諸点を踏まえて，事例を取り上げて，内発的発展の進化経路とインセンティブの付与による組織の自立的な調整機能などについて論じた．

参 考 文 献

1) 鶴見和子：コレクション　鶴見和子曼荼羅Ⅸ　環の巻―内発的発展論によるパラダイム転換―，藤原書店，1999
2) 久保康之：「書評：アジアの内発的発展（西川潤著），2001，藤原書店」，アジア経済 XLIII-3，pp. 72-75，2002
3) 鶴見和子：内発的発展論の系譜（鶴見・川田「内発的発展論」，第2章），東京大学出版会，pp. 43-64，1989
4) 西川　潤：内発的発展論の起源と今日的意義（鶴見・川田「内発的発展論」，第1章），東京大学出版会，pp. 3-41，1989
5) 吉永健治：農村政策と広域連携へのインセンティブと政策インプリケーション，農総研季報，No. 49, pp. 29-56，2001
6) Jan Douwe van der Ploeg and Vito Saccomandi：On the Impact of Endogenous Development in Agriculture（Jan Douwe van der Ploeg and Gert van Dijk（ed.）

Beyond modernization ; the impact of endogenous rural development), pp. 10-25, 1995
7) Lane. B and Yoshinaga. K : Niche Markets for the Rural World, OECD Observers 190, OECD, pp. 14-18, 1994
8) OECD : Niche Markets As Rural Development Strategy, 1995
9) Ofrecio B. P. : Participatory Development and Management : A cornerstone of Philippine Irrigation Program, NIA, 2005
10) Shiva V. : Water Wars, South End Press, 2000
11) The World Commission on Environment and Development : Our Common Future, Brundtland Commission, 1987
12) Yoshinaga K. : Sustainable Water Management for Food Security—Theoretical Considerations—, Journal of Regional Development Studies, Vol. 15, Toyo University, pp. 151-176, 2012
13) 吉永健治：生物多様性とエコシステム・サービスによる便益フロー（東洋大学国際共生社会研究センター編「国際共生社会学」，第6章），pp. 86-105，朝倉書店，2008

コラム7. 一村一品運動と地域振興

　本コラムは，大分県の一村一品運動（One Village One Product Movement：OVOP）の事例を参考に，地域に内在している資源・文化・技術を活用して地域経済を活性化し，地域住民が地域に誇りをもち，住み続けていくための地域振興策と捉えている．今日，その活動は世界各地に広がりをみせているが，OVOPはどのように海外へ伝えられたのか，本コラムでは一村一品運動と地域振興のあり方について考察するものである．

　一村一品運動とは，文字どおり県内の各市町村が全国的に自慢できる価値ある地域資源を見つけ，加工・販売・マーケティングなどを通じてその価値を高めていくプロセスであり，大分流の地域おこしであった[1]．

　元大分県知事の平松守彦がOVOPを提唱した背景には，当時の大分県民は行政頼み，お互いに足を引っ張りあい，嘆き節が蔓延しており，国民総生産（GNP），国民総満足度（GNS）ともに低く，地域活性化を第一に考える必要があったことを指摘している．つまり，高齢者が安心して暮らせる社会，若者が活躍できる社会，過疎地においても自分の地域に誇れる特産品の創造や観光・文化を構築し，またその地域を活性化していくような人材を育てていく社会（GNS社会）を目指し，GNP社会とGNS社会を実現するために一村一品運動を始めたのである[1]．こうしたオンリーワンを目指す考え方は地域住民の誇りを醸成し，地域に住み続けるといった持続的な村づくりの概念とも合致しているように思われる．

　OVOPの理念には次の三つの原則がある．第一に，地域の文化を保有しつつ全国や世界に通用するモノづくりといった「グローバルかつローカルの視点」，第二に，何を一村一品に選び育てていくかは地域住民が決定し，創意工夫を重ね磨き上げていく．その際，行政は技術支援やマーケティングなどの側面から支援するといった「自主自立・創意工夫」，第三に，グローバルな視野をもちチャレンジ精神に富む地域リーダーの育成といった「人づくり」である．近年では，日本の国際協力の方策として，発展途上国における一村一品運動を支援し，中国，フィリピン，タイ，カンボジアなどのアジア諸国のみならず，ブラジル，マラウイ等，世界的にOVOPの運動は広がりをみせている（図A）．

　松井和久，山神進編（2006）の第Ⅱ部序説によると[1]，第一に，海外へ伝えられたもののほとんどは，大山町の梅栗，湯布院の環境保全型観光，姫島村の車えびなど一村一品運動の成功事例であったこと，第二に，産品を一つに特化させてその生産規模を拡大させる戦略と受け取るケースといったネーミングが想起させる誤解があったこと，第三に，海外へ伝えたのは大分県の行政官であり，伝えられる側の多くも中央政府の行政官であり，早急な成果を追求し現場レベルでの主体性が失われたこと，を指摘している．こうした背景を踏まえて，一村一品運動を伝えていくプロセスをどのように維持・促進していくかも重要な課題であると指摘している．

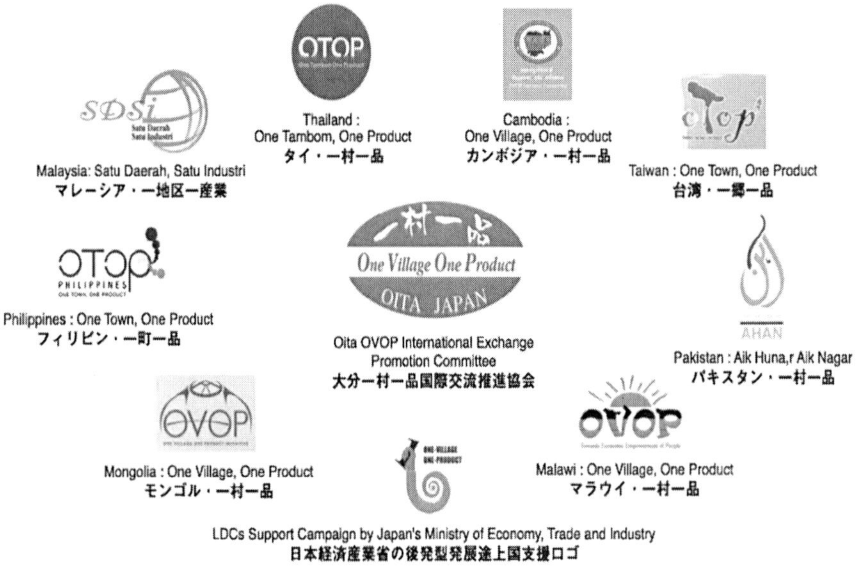

図A　世界に広がる大分県の一村一品運動[2]

　タイでは，タクシン・チナワット政権時の草の根支援政策として2001年からOne Tambon One Product（OTOP）が始まった．西川芳昭，吉田栄一編（2009）の第2章藤岡理香によると[3]，「草の根主導，政府は側面支援」の公式見解に反し中央主導のもとに実施されながら，短期間で目に見える成果を挙げ，国内で高い支持を得たことを指摘している．OTOPはOTOP Product Champion（OPC）という品質保証を設けている．OPCは，（1）輸出に見合う品質，（2）生産量・品質一定，（3）消費者に満足のいく水準，（4）製品の由来，という観点から，政府担当官や学識者などからなる製品群ごとの選考委員会が三〜五つ星に認定した製品を指す[1]．筆者が2009年9月に実施したアユタヤ県のクローンスアンプルー村では，五つ星に認定されている造花を生産している．原料は地元のものではなく原価が少しでも安い市場から仕入れ，生産者グループも他の地域からの技術者も加わり企業集団のようであった．このように大分県のOVOPの理念とは異なる形，すなわちその国や地域の特性に合わせた形で活動が広がれば，国民から評価を得ることにつながるのである．

　松井和久，山神進編（2006）の中でも指摘されているが，大分県の一村一品運動もそうであったように，地域振興のプロセスは試行錯誤の繰返しになる．最終的に目指す地域振興の形は，地域性を十分に認識し地域資源の価値を高める活動を通じて，その価値を地域に還元することを念頭に地域住民が主体的に地域をよくしていこうとする活動であり，地域に誇りをもちそこに住み続けていくということであろう．

参　考　文　献

1) 松井和久，山神　進編：一村一品運動と開発途上国　日本の地域振興はどのように伝えられたのか，アジア経済研究所，2006
2) 平松守彦：アジアへ世界へ　世界に広がる一村一品運動，パワーポイント資料，NPO大分一村一品国際交流推進協会（2011年11月2日平松守彦氏提供）
3) 西川芳昭，吉田栄一編：地域の振興　制度構築の多様性と課題，アジア経済研究所，2009

7. 地域・観光資源論から見た内発的発展
― 国立公園・保護地域におけるシステムとしての Community-Based-Development ―

7.1 土地利用の変遷と国立公園・保護地域の拡大発展

7.1.1 は じ め に

　大英帝国から独立して96年目の1872年にアメリカ合衆国のイエローストーン（Yellow Stone）で生まれた国立公園のアイデアは，アメリカ発祥の文化的概念としてとくに西側世界を中心に世界中に広まっていったが，20世紀も終わりに近づくにつれ，当初の原住民（native population）とは相容れないとするアメリカ発の国立公園・保護地域の考え方には次第に疑問が投げかけられるようになってきた．すなわち，環境認識と自然保護思想の普及，さらにはこれらに対する権利と責任という観点に立った地域コミュニティと原住民の役割の見直しである．このため，本書のテーマともなっている内発性については，国立公園・保護地域の側面から地域コミュニティと原住民の双方をカバーするものと捉えている．

　今や世界の観光 Destination Capital の代表格であり，国際連合教育科学文化機関（UNESCO）による世界自然遺産リスト掲載箇所の中心的な存在となっている国立公園・保護地域にとって，ますますその重要性が増大してきている地域コミュニティ主導の内発的保護・管理と観光に焦点を当てた地域コミュニティに根ざした開発（Community-Based-Development：CBD）の現状に迫りながらシステムとしての課題に当たることが本章の目的である．

a. 第1期：分割統治期

　歴史を追ってみる場合，まず第1期としては分割統治期を位置づけることができよう[22]．すなわち，1870年のウォッシュバーン-ラングフォード（Washburn-Langford）探検隊はアメリカ社会に大きな影響を与えたものの，イエローストーン国立公園設定当初の5年間は何と探検隊員の中心人物の一人であったラングフ

ォードが，無報酬かつ巨額の私財を注入して管理者を務めた．その後は 1916 年の内務省国立公園局設置に至るまで，内務大臣がイエローストーン統制のために軍隊を駐屯させることを陸軍省に依頼し，1918 年まで騎兵隊と工兵隊が駐屯していたのである．1918 年レーン（Lane）内務大臣から初代のマーサー（Mather）国立公園局長に宛てた教書の概要は，およそ次のとおりとなっている．

① 国立公園は，現代の国民のためにも，また将来の人類の利用のためにも絶対に損傷されることなく維持されなければならない．

② 国立公園は，公衆の利用，観察，保健および享楽のためにもそれぞれ保存されるべきである．

③ 国立公園において，公私を問わず，企業に関しその裁定を行う場合には，すべて国民的利益を根本として指定すべきである．

19 世紀末までにイエローストーンをはじめ，キングス渓谷（Kings Canyon（former General Grant）），セコイア（Sequoia），ヨセミテ（Yosemite），レーニア山（Mt. Rainier）の 5 国立公園を世界に先駆けて設定していったアメリカ合衆国ではあるが，騎兵隊と工兵隊の駐屯などその区域設定と管理の実行上は，国立公園と native American は相容れないものと解釈されていたのである．

この考え方は，アメリカ合衆国自身よりも世界中の海外領土を通して国立公園設定を広めていったイギリスに採用され，当時の植民地の分割統治政策にうまく組み込まれたと考えることができる．すなわち，アメリカ合衆国以外で 19 世紀中に国立公園の設定を行っているのは，イギリスの強い影響下にあったカナダ，オーストラリアおよびニュージーランドの 3 か国だけである．さらに，20 世紀前半に目を向けると，南アフリカ，ジンバブエ，スーダン，タンザニア，ケニア，ボツワナ，ガイアナ，インド，マレーシア等々，独立前にイギリスが国立公園を設置した国々は枚挙にいとまがない．

b．第 2 期：景観保護地域出現期

次に第 2 期として捉えることができるのは，地域コミュニティの生計や産業との調整を図る景観保護地域（protected landscape）の出現であり，現在も拡充が続いている．例えば，イギリス本土やわが国のようにアメリカ型・海外領土型の大規模な国立公園の設定（establishment）が困難な国々による，多目的利用の土地の上に自然保護のための線引き区割りで地域・地区を指定（designation）する制度である．

これに関する見解は，1931年にわが国の国立公園法が制定された当時の"国立公園区域の基本的な考え方"に巧みに表されており，現在でもわが国の国立公園指定の根幹となっている．

国立公園区域の基本的な考え方：

「国立公園の区域には国有地の外，公有地私有地をも包擁せしめ得る．しかるに，国立公園の区域内の土地は全部国有地を以って組成するか，或いは国有地以外の土地については国が地上権，賃借権等の如き何らか私法上の権利を設定するとかの方法によって公園区域内に編入することとするのが最も望ましいことであるが，実際問題としてはその如き方法によることの不可能である場合も多かるべく，又国立公園の核心たる風致の保護は公法上公用制限の規定を設くれば足りるのであるから，何ら私法上の権利を設定することなくして公有地又は私有地を区域に入れ得ることも認むるの必要がある．」

c. 第3期：地域コミュニティと原住民の役割見直し期

第3期が，本論のテーマでもある1972年の国際連合人間環境会議の宣言，いわゆる国際環境元年以降の環境認識の向上と自然保護思想の普及，さらにはこれらに対する権利と責任という観点に立った地域コミュニティと原住民の役割の見直しの動きである．この動きを支える政府サイドではないNGO/NPOの台頭もあって，とくに1992年の地球サミットを契機に活発化してきていると捉えることができよう．

地球サミットで採択された生物多様性条約は，環境課題の中での注目度を減少させつつあった国立公園・保護地域を生物の多様性を保護する重要な場，生息域内（in situ）自然保護対象として再評価する役割を果たしていると見ることもできる．ただし，医薬品，農業等幅広い産業界の参画を促すという面から，条約をベースに2000年に採択されたバイオセイフティに関するカルタヘナ議定書や2010年に名古屋で採択された遺伝子資源の利用と利益配分ルールを定めた名古屋議定書（＋クアラルンプール補足議定書）に議論と争点が集中している面も否めない．

また，わが国での認識の普及はそれほどではないように見えるものの，この時期やはり世界に広まった環境倫理学が地域コミュニティと原住民による伝統的な地球資源への取組み方を再考させるものとなっている．わが国に環境倫理学を紹介した第一人者である加藤尚武は，次の三つの基本的な立場を主張しそれぞれを掘り下げて，私達が民主主義だとか個人主義だとか称している決定システムには構造的な欠陥が存在することを明らかにしている[7]．

(1) 自然の生存権の問題：人間だけでなく，生物の種，生態系，景観などにも生存の権利があるので，勝手にそれを否定してはならない．

筆者コメント：生物多様性条約の背景に浮かび上がってきたテーマであるとともに，動物の生存権を議論する少し前にあったと考えられる民族的偏見（racism）が，本論のテーマにも少なからず関連するのではなかろうか．

(2) 世代間倫理の問題：現在世代は，未来世代の生存可能性に対して責任がある．

筆者コメント：化石燃料枯渇と原子力エネルギー問題が，一気に実証してくれそうな課題と考えられる．

(3) 地球全体主義：地球の生態系は開いた宇宙ではなくて閉じた世界である．

筆者コメント：地球と人類が抱える問題のすべてが技術的に解決のつくはずがないことが，徐々に明らかになりつつあるのではないだろうか．

本章では，主として上述の第2期に誕生した世界中に何種類も存在する自然保護（プラス，一部利用）を目的とする地域について，国際自然保護連合（IUCN：International Union for Conservation of Nature and Natural Resources）の類型分けに従い，これらをまとめて国立公園・保護地域と表記する．これは，National Parks and Protected Areas の訳である．また，IUCN に従って基本的に protect を"保護"，conserve を保護と利用の調整を図る"保全"，reserve は"自然保護地域または地区"として表記する[1]．なお，筆者は30年近く継続して IUCN の World Commission on Protected Areas：WCPA のメンバーを務めているが，永年にわたり IUCN に貢献するというより，IUCN から得ることの方がはるかに多かった点を申し添えたい．

7.1.2 国立公園・保護地域の定義と役割

今や国立公園・保護地域は，生物多様性に代表される自然的および関連した文化的な資源の保全を目的とした世界の政治・経済的な誓約の中心的な存在となってきており，各国政府にとっては自然保護政策とその実行面における最も大きな構成要素が，国立公園・保護地域となっている．IUCN と連携した国際連合環境計画（UNEP）の世界保全モニタリングセンター（WCMC）の計算では2004年現在，世界には10万2,000か所を超える国立公園・保護地域があって，これは実に地球上の陸地面積の11.5％強にも相当する．しかしながら，海洋保護地域が少

ないため地球表面全体に対しては3.4%に過ぎないという面もある[3]．

これらの国立公園・保護地域は事実上世界のほとんどすべての国に設立され，自然保護の目標に即した特別な法・規則に従って管理されている．しかしながら，社会・経済的な変化や自然・社会科学の進歩に伴って，自然保護手法も急激に進化しつつあるのも事実である．では，現在，国立公園・保護地域の政策および実行面において国際的なガイダンスの方向を示すものとは，一体何であろうか．新しい状況への適応のために求められるものとは，一体何であろうか．

この検討に入るに際して，国立公園・保護地域の国際的な定義づけをレビューしてみる必要がある．IUCNの定義は次のようなものである．"生物多様性および自然的・関連した文化的資源の保護と維持のために特別に供された土地や海域であって，法律ないしはこれに匹敵する効果的な方法によって管理される（筆者仮訳）"．また，生物多様性条約においては，第2条：用語の中で，"この条約の適用上，保護地域とは，保全のための特定の目的を達成するために指定され又は規制され及び管理されている地理的に特定された地域をいう．"と定義されている．これら二つの定義に矛盾する点はないものの，IUCNの定義の方が保全における経済資源的および文化的な側面により直接的に言及している．

歴史を若干さかのぼれば，1972年のストックホルムでの国際連合人間環境会議，さらには1992年のリオ・デ・ジャネイロでの環境と開発に関する国際連合会議以来，自然保護への各国および国際的な取組みは，社会的な需要と開発問題との調和が図られるべきとの方向に進んできており，国立公園・保護地域の解釈もその方向に進化してきていると考えられる．まずは，国際連合人間環境会議を受けて国際環境条約の先駆けとして自然保護分野の国際条約が4本も締結されている．これらは以下に示すとおりである．

(1) とくに水鳥の生息地として国際的に重要な湿地に関する（ラムサール）条約（1971年作成署名，日本は1980年に加入）：ワイズ・ユース（wise-use）がキーワードの条約である．

(2) 世界の文化遺産及び自然遺産の保護に関する（パリ）条約（1972年採択，日本は1975年受諾）：本条約の世界遺産リスト掲載によって知名度が増し，観光客増大，観光収入増大が図られる一方，環境悪化の影響が出ている地域も少なくない．

(3) 絶滅のおそれのある野生動植物の種の国際取引に関する（ワシントン）条

約（1973年作成署名，日本は1973年受諾）：象牙をはじめ輸出側と輸入側ともに微妙な政策的立場に置かれている例も少なくない．
(4) 移動性のある野生動物種の保全に関する（ボン）条約（1979年採択，日本は未批准）：わが国は海洋性哺乳類への懸念があってか，未批准のままである．

すなわち，ストックホルム国際連合人間環境宣言とセットであるその行動計画（Action Plan）の勧告 No. IV-125 において，UNESCO には世界の文化遺産及び自然遺産の保護に関する条約の採択を勧告し，各国には絶滅のおそれのある野生動植物の種の国際取引に関する条約の作成・採択を勧告するとともに，国際連合事務局長に対し，国連の適当な機関および関連民間機関と協議の上，科学研究のために"特定の島を保護するための諸方法について詳細に研究すること"を勧告している[8]．これらの島とは，南アメリカではガラパゴス諸島が，アフリカではマダガスカルが，熱帯アジア～オーストラリアでは生物地理の東洋区とオーストラリア区の境界にあるウォーレシアの島々が念頭にあったとされている．以上の条約類の目的達成に向けては，面的な保護＝国立公園・保護地域の拡充が不可欠ということで，1972年のストックホルム会議以降，世界中で国立公園・保護地域の箇所数と面積の拡大が見られる[2]．

7.1.3 国立公園・保護地域と生物多様性の概念

世界の国立公園・保護地域にとって次の大きな飛躍は，生物多様性条約が採択された1992年のリオ・デ・ジャネイロでの環境と開発に関する国際連合会議，いわゆる地球サミットである．それ以前には，ストックホルム国際連合人間環境会議といえども生物多様性といった明確な用語はなかった．1993年の効力発生時にはわが国でも発効した生物多様性条約は，第8条；生息域内（in situ）保全の中で保護地域の重要性が述べられ，第9条；生息域外（ex situ）保全よりも当然ながら先の条文で扱われている．

これを受けてわが国としては，数次にわたる生物多様性国家戦略を策定する中で，とくに以下の4課題にしぼりこんで，その対策に取り組んできたところである[10, 11]．

① 第1の危機：開発や乱獲による種の減少・絶滅，生息・生育地の減少
② 第2の危機：里地里山などの手入れ不足による自然の質の変化

③ 第3の危機：外来種などの持ち込みによる生態系の攪乱
④ 第4の危機：地球温暖化の影響に伴う危機

　表7.1は，過去半世紀における日本国土の土地利用の変遷であるが，自然林・二次林が若干減少した分を人工林の微増がこれを補い，国土の森林の総面積においては大きな変化が見られないのが特徴である．都市の面積が増加した分は，草原，水田，畑・樹園地の減少を伴っている[12]．

　多目的な土地利用とはいえ，国土面積に占める自然公園の総面積は年代的には，1990年代の地球サミットよりも1970年代のストックホルム国際連合人間環境会議の影響の方が大きかったようにも見える．しかしながら，実は国土面積比が10％を超えて飛躍的に増加したのは1965年，東京オリンピックの翌年のことであり，ストックホルム会議よりも少し前の時期にあって，まだ当時は国民の増大する自然公園・レクリエーション需要への対応が大きかったためと見ることができそうである．

表7.1　過去半世紀における日本国土の土地利用の変遷[1)]

	1960年代	1970年代	1980年代	1990年代	2000年代
自然林・二次林	41%	38%	36%	35%	35%
人工林	21	25	27	27	27
その他の森林	5	4	4	4	4
草原	3	2	1	1	1
水田	9	8	8	7	7
畑・樹園地	7	6	6	6	6
都市	4	6	7	8	8
水面	3	3	3	3	4
その他，道路	7	8	7	8	8
自然公園[2)]	6.0%	13.2%	13.8%	14.1%	14.2%

注1) 環境省（2010年5月公表）の生物多様性総合評価報告書に基づいて作成．
　2) 国立公園・国定公園および都道府県立自然公園の合計である自然公園の数値は，(財)国立公園協会（2011）編：「2011自然公園の手びき」に基づいて計算した．なお，最新の2011年4月現在の数値は54,203.5 km^2，国土面積比14.3%となっている．

　欧米を中心とする生物多様性条約に関する世界的な，とくに経済界の関心は，生息域内保全よりも，同法第19条「遺伝子改変技術を含むバイオテクノロジーや遺伝子改変生物の取扱い及びこれらから生ずる成果や利益の公正かつ衡平な配分」の方に向いて，議定書も順次作成されてきている．しかし，本章ではあくまでも第8条「生息域内保全」にその重要性を見出し，とくにj項『自国の国内法に従

い，生物の多様性の保全及び持続可能な利用に関連する伝統的な生活様式を有する原住民の社会及び地域社会の知識，工夫及び慣行を尊重し，保存し及び維持すること，そのような知識，工夫及び慣行を有する者の承認及び参加を得てそれらの一層広い適用を促進すること並びにそれらの利用がもたらす利益の衡平な配分を奨励すること.』に注目して，その進捗状況を若干ながらもレビューするものである.

現在の国立公園・保護地域の目的とするところは，生物多様性の保全という中心的な役割とともに，①自然資源の持続可能な利用，②生態系サービスの保護，③広範な社会開発との統合を含めるものになってきている. このため国立公園・保護地域では，生物多様性に関連した文化的な価値に一層の注意が払われるようになっており，管理上の決定段階に原住民と地域コミュニティを含める必要性が認められてきているのである. 自然に焦点を当て，基本的に原住民を排除することから始まった国立公園・保護地域で，今日の専門家の間では自然資源，原住民と文化の基本的な相互連関性が認識されるようになった. これに関連した科学的にもわかりやすい例を挙げれば，草食動物の放牧，定期的な火入れのような攪乱（disturbance）は，実は自然保護上また景観保護上非常に重要なものであり，生態系の限界内での人間による攪乱も自然保護上有力なものになりうるというものである[5]. この考え方は，若干なりとも筆者も関わり 2005 年に公表されたミレニアム生態系評価（Millennium Ecosystem Assessment：MA）の総合評価報告書にも取り入れられている.

なお，MA の報告によれば，地球上の生態系サービスの約 60% が低下し，自然災害の影響を緩和させる能力が減少している. このため気候災害による経済損失は，過去 50 年で約 10 倍に増加しており，洪水，暴風雨，高潮，旱魃，雪崩といった自然災害の発生する頻度・激しさは，気候変動に伴ってさらに増していくと予見しているのである[17].

7.2 MA を受けた生物多様性評価の必要性と背景

7.2.1 生物多様性総合評価検討委員会

これまで述べてきたような国立公園・保護地域の役割の中でも，最近では中心的な役割とされてきている生物多様性の保全について振り返ってみよう. 2010 年

10月に名古屋において開催された生物多様性条約第10回締約国会議（COP10）に向けて環境省が2008年に設置した生物多様性総合評価検討委員会の検討結果等，およびこれに至る経過の概要について，環境省の公表資料に焦点を当ててみる．

生物多様性総合評価検討委員会が設置された背景と理由には次の3点が考えられる．

(1) COP10に向けてわが国は，生物多様性の保全と持続可能な利用等について，より一層の責任が増してきていること
(2) 2007年公表の第3次生物多様性国家戦略の中では，"多くの専門家の参加を得た生物多様性の総合評価を実施し，分かりやすく取りまとめて発表する"旨約束されていること
(3) 2008年施行の生物多様性基本法にも国が取り組むべき事項として"生物の多様性の状況及びその恵沢を総合的に評価するため，適切な指標の開発などの必要な措置を講ずるものとする"と規定されていること

である．

評価の体制は，中静 透（東北大学大学院生命科学研究科教授）を座長に，7名の委員で構成する生物多様性総合評価検討委員会において，国内の多数の専門家の意見を踏まえて評価が実施された．

2008年度には，評価に先立って，評価期間における生物多様性の損失の要因とその状況に関して，環境省関連の検討会の委員および生物分野における国内主要学術団体の自然保護関連委員・役員等，国内の生物分野の専門家581名にアンケ

表7.2 意見が求められた生物分野の専門家

環境省関連の検討会の委員等	生物分野における国内主要学術団体の自然保護関連委員・役員等
・絶滅のおそれのある野生生物の選定/評価検討会 ・同分科会 ・自然環境保全基礎調査検討会植生分科会 ・同植生調査作業部会 ・鳥類標識調査検討会 ・重要生態系監視地域モニタリング推進事業（モニタリングサイト1000）検討会 ・同分科会	・日本生態学会，・日本森林学会， ・日本草地学会，・日本陸水学会， ・日本海洋学会，・日本動物分類学会， ・日本植物分類学会，・日本哺乳類学会， ・日本鳥学会，・日本爬虫両棲類学会， ・日本魚類学会，・日本昆虫学会， ・日本ベントス学会，・日本植物学会

ートが実施され，208名から回答が得られた（表7.2参照）．これらの意見を参考に，損失の要因や状態などの整理がなされ，その整理をもとに指標の選定が進められた．また，2009年度の評価報告書のとりまとめ作業に際しては，上述の208名の専門家に報告書の案を送付して意見を求め，54名から回答が得られ，それらの意見が記述に際して大いに参考とされた．以上のほか，2009年度には日本学術会議保全再生分科会からヒアリングを受けた際の議論が参考とされ，また，2008年度と2009年度の日本生態学会大会における関連シンポジウムでの議論も参考とされ，16名の専門家から，一部のデータの提供や解析についての協力が得られた[12]．

この段階での草の根団体，地域コミュニティの意見反映となると手法も難しかろうから，できる限り広い範囲での意見のとりまとめがあったと考えてもよいのではなかろうか．合計6回に及ぶ同委員会の検討では，ホットスポットの事例調査や生態系サービス評価を行いながら報告書をとりまとめ2010年5月に公表されたものであり，政策の決定段階における判断材料として活用されることが期待されている．

7.2.2　生物多様性総合評価検討委員会の報告書に至る共通認識

以下は，生物多様性総合評価検討委員会の報告書に至る過程において，一層明確になってきた共通認識を，手短に7つの認識としてまとめてみたものである．

① 認識1　生物多様性とは，様々な生態系が存在すること，また生物の種間および種内に様々な差異が存在することである．生命の誕生以来，生物は40億年の歴史を経て様々な環境に適応して進化し，今日，地球上には多様な生物が存在している．これらの生物間，およびこれを取り巻く大気，水，土壌等の環境との相互作用によって多様な生態系が形成され，多様な機能，中でも生態系サービスが発揮されている．

② 認識2　人間は，生物多様性のもたらす恵沢，すなわち生態系サービスを享受することにより生存しており，生物多様性は人類の存続の基盤となっている．我々の生活や文化は，生物多様性がもたらす大気中の酸素や土壌，食料や木材，医薬品，地域独自の文化の多様性などに支えられている．また，生物多様性は，地域における固有の財産として地域独自の文化の多様性をも支えている．

③ 認識3　しかしながら現在，世界各地で熱帯林の減少やサンゴ礁の劣化，外

来種の影響などが報告され，生物多様性の急速な損失が懸念されている．1992年には，"生物の多様性に関する条約（生物多様性条約）"が採択され，"生物多様性の保全"，"その構成要素の持続可能な利用"，"遺伝資源の利用から生ずる利益の公正かつ衡平な配分"が目的として掲げられた．しかしながら，各国の努力にもかかわらず生物多様性の損失は続き，2002年に開催された同条約の第6回締約国会議（COP6）で，"2010年までに生物多様性の損失速度を顕著に減少させる"という生物多様性条約2010年目標が掲げられたが，その顕著な成果はあがっていないどころか，悪化の傾向が強い．

④ 認識4　生物多様性の損失を緩和するには，様々な主体が直ちに具体的な行動を起こす必要がある．そのためには生物多様性にどのような損失が生じているか，その損失はどのような要因や背景によって生じているか，損失に対してどのような対策がありうるのかを評価し，損失の全体像と行動の方向が示されなければならない．生物多様性に関するこのような基本的な情報は必ずしも十分ではないが，それらを集約して損失の全体を総合的に評価することが求められている．

このような生物多様性ないしは生態系に関する評価は，地球全体，国，地方レベルなど様々な空間スケールの階層別に行われるべきである．空間スケールの違いに応じて，要因やその背景の大きさや，対策に動員すべき資源の多さなどが異なるからである．

⑤ 認識5　既に国際的にも評価の取組みが進められており，2001年から2005年にかけて行われたミレニアム生態系評価（MA）は，1,000人を超える専門家の参加のもと地球規模で生物多様性や生態系を評価した．また，生物多様性条約事務局が作成して2006年に公表した地球規模生物多様性概況第2版（GBO2）は，2010年目標の達成状況を評価し，15の指標のうち12が悪化傾向であるなど生物多様性の損失が進んでいることを示した．さらに，2010年の第10回締約国会議（COP10）に先立ち"地球規模生物多様性概況第3版（GBO3）"が，生物多様性総合評価検討委員会の報告書と同じ2010年5月に公表され，2010年目標は達成されておらず，生物多様性への圧力が増加して損失が続いていることが示された．

⑥ 認識6　ヨーロッパなど，いくつかの国や地域では国レベルでの生物多様性評価が進められている．わが国では，1993年に生物多様性条約を締結してから，現在まで4次にわたり生物多様性国家戦略が策定され，生物多様性の損失を緩和する必要性が認識されるようになってきた．近年では，第3次環境基本計画

(2006年決定）において"生物多様性の保全のための取組み分野における指標"として9つの指標が定められ，また，生物多様性基本法（2008年制定）では，国が取り組むべき事項として，"生物の多様性の状況およびその恵沢を総合的に評価するための指標の開発"等が定められた．生物多様性基本法を受けて策定された生物多様性国家戦略2010（2010年3月決定）は，第3次生物多様性国家戦略に続いて，わが国における生物多様性の損失を"生物多様性の危機"として位置づけ，目標を明らかにした上で"わが国の生物多様性の状況を，社会経済的な側面も踏まえて総合的に評価し，多数の専門家の参加により生物多様性の総合評価を実施し，わかりやすく取りまとめ，発表する必要があること"が明確に位置付けられたのである．

⑦ 認識7　こうした中で，愛知県名古屋市での生物多様性条約第10回締約国会議（COP10）の開催（2010年10月）に至り，わが国には生物多様性の保全と持続可能な利用等について，より一層の責任が求められているとの認識が深まった．わが国は，農林水産物などの生物資源，化石燃料，鉱物資源などを国外に大きく依存しているがために，世界の生物多様性に多大な影響を今後とも及ぼす可能性がある．この点を十分に認識し，将来にわたる地球規模の持続可能な資源利用の実現に向けて国内外の取組みを進める必要があるとの認識が深まったものである．

以上の7つの認識を背景にして，環境省が設置した生物多様性総合評価検討委員会が，COP10に向けて，2008年度から2か年をかけて実施した「生物多様性総合評価」の本報告書（生物多様性総合評価報告書）がまとめられた．いまだ十分な生物多様性の評価からは遠いとはいいながらも，その時点で可能な水準の評価結果をとりまとめたものとして2010年5月に公表されている．その詳細な内容については，総合評価報告書自体を是非とも参照されたい．

7.2.3　国連生物多様性条約第10回締約国会議（COP10）

以上のような動向を受けたCOP10では，しかしながら議論の焦点の多くは，遺伝資源と関連する伝統的知識により生じる利益の公正かつ衡平な配分等を規定した名古屋議定書に集中した．さらに遺伝子組換え生物が生態系や人の健康に被害をもたらした場合，輸入国は原因事業者を特定し原状回復を求めることができ，原因事業者が補償しない場合，政府が代執行する等を規定した名古屋・クアラル

ンプール補足議定書の議論に集中した．ただし，いずれも 50 か国以上の批准が条件となる議定書発効（2015 年発効を目指してはいるが）への道のりは遠いというのが，一般的な見解である．

　その中で，2020 年までに生物多様性の損失を止めるために効果的かつ緊急な行動をとることを全体目標とした愛知目標が採択されているが，2020 年までの 10 個別目標の 10 番目に先住民と地域社会が登場するので，ここに改めて並べておきたい．

① 森林を含む生息地の損失速度を，少なくとも半減させる．
② 水産資源を持続可能な手法で管理し，乱獲しないようにする．
③ 農業や林業地域を，持続可能な方法で管理する．
④ 侵略的外来種を特定し，侵入を防止し，根絶する．
⑤ サンゴ礁への気候変動や海洋酸性化の影響を最小化する．
⑥ 少なくとも陸域の 17％と海域の 10％を保全する．
⑦ 絶滅危惧種の絶滅を防ぎ，保全状況を改善する．
⑧ 農作物や家畜の遺伝子の多様性を維持する．
⑨ 劣化した生態系の 15％以上を回復し，気候変動対策に貢献する．
⑩ 先住民と地域社会の伝統知識を尊重し，保護する．

　なお，COP10 の成果の一つとしてわが国が提唱した"里山イニシアティブ"は，生物多様性の危機については第 2 の危機に対応するものであるが，奇しくも本章のテーマである地域コミュニティに根ざした開発（Community-Based-Development）にもつながるテーマでもある．

7.3　国立公園・保護地域管理における地域コミュニティの重要性の拡大

7.3.1　原住民と地域コミュニティ

　イエローストーンの国立公園設定から 100 年を経過し 20 世紀も終わりに近づくにつれ，原住民（native population）とは相容れないと考えるアメリカ型の国立公園・保護地域の概念には次第に疑問が投げかけられるようになってきたのであるが，IUCN/WCPA で議論されてきた原住民（indigenous peoples）および地域コミュニティ（local communities）の解釈，定義は次のようなものである．

【原住民】

IUCNでは原住民に関して，独立国家における原住民と部族民に関するILO第169号条約にある定義もしくは適用範囲を使用している．その概要はおよそ次のとおりである．

原住民とは；

(1) 独立国家における部族民（tribal peoples）であって，社会的・文化的・経済的状況が国家共同体の他の構成者とは区別され，彼らの地位の全部かあるいは一部が自身の慣習・伝統によって，もしくは特別な法規制によって制限されている人々

(2) 独立国家の人々であって，征服か植民地化かあるいは現在の国境が確立した時点での国家もしくは国家が属する地理的地域に居住していた人々の子孫であるため，原住民と考えられる人々で，法的な地位にかかわりなく彼ら自身の社会的・文化的・経済的・政治的慣行の全部かあるいは一部を保持している人々

【原住民の認定基準】

原住民自身による自己同定が基本ではあるが，その際の認定基準としては；

① 植民地化社会以前との歴史的な連続性が認められること

② 彼ら自身が伝統的に所有し，占有し，利用してきた土地と自然資源との緊密な関係が認められること

③ 国家の支配的な勢力には属さず，独特の社会・政治システム，独自の言語，文化，価値観および信仰をもっていること

等が挙げられている．

【地域コミュニティ】

"コミュニティ"とは，土地を共有し，差異はあっても自然資源の管理，知識と文化の創出，生産技術と手法の開発などの生計面において関係の深い人々の集団である．しかし，この定義では，様々な規模の集団，例えば市域あるいは流域内に住むすべての人々にも適用可能となるため，"地域コミュニティ"を，日々の生活の中で直接顔を合わせ，相互に影響し合っている人々の集団であるとさらに特定することができる．すなわち，村の集落，移牧民，都市の一定地区の住民等が"地域コミュニティ"と考えられるものの，地域や都市居住区や地方の町の全住民を含めるものではない．

多くの"コミュニティ"は，付与の周辺環境に取り組みその自然資源を管理するための戦略を編み出し適用することによって，長い時間をかけて彼ら自身の独自性と文化の特徴を形作ってきた．彼らは特有の社会組織をもち，そのメンバーはとくに言語，行動様式，価値観，発声さらには健康と病気の型に見られるように，社会的・文化的・経済的・政治的な特徴を多かれ少なかれ共有している．彼らはまた，固有の能力と権限をもって小さな政治的集団として機能するか，もしくは機能した歴史をもっている．

"コミュニティ"内の生活過程で起こる重要なことは，①社会的統合調整；共有の必要とすることに向けた協力，②社会的衝突；コミュニティ内の各個人メンバー間もしくは各家族間にある要求や欲求のぶつかり合い，そして③文化の連続性，と④文化の変化である．

"コミュニティ"で社会的統合を促進するのは，婚姻や交易等の相互依存に加えて，経済的黒字を"コミュニティ"内のメンバーや家族で共有する再配分である．"コミュニティ"で社会的衝突を助長するのは，若者と年寄り，男性と女性，所帯の違い，一族・階層・職業グループ・カースト・権益団体等の力や地位の差に起因するものである．そのような差は通常，土地，資本，水，木，サービス等の資源へのアクセスに反映されたあげく，ときには入会権活動の中で他者より多くを得るための搾取的開発をもち込み，また，経済的黒字を"コミュニティ"内のメンバーや家族で共有する再配分を避けるために個人的に蓄積され，"コミュニティ"の分裂，崩壊へとつながる可能性をもっている．

社会的集団として生き残り発展していくために"コミュニティ"は，統合と衝突，連続性と変化という，相反する力の間のバランスを継続的に管理しなければならない．これらの現象に時間をかけても対処できる"コミュニティ"の能力も，その認定基準として利用することができる．

原住民グループや地域コミュニティの参入によって管理されうるものとして考えられ，現在，実際にそのような活動が行われているコミュニティが所有・管理する保護地域（Community Conserved Area：CCA）を，IUCN6類型に当てはめて整理すれば表7.3のとおりとなる．

一方，2002年にエコツーリズム：持続可能性のための原則，実施と政策（Ecotourism：Principles, Practices & Policies for Sustainability）をまとめたUNEP/TIES[16)]によれば，エコツーリズム活動に存在する多くのステークホルダ

表7.3 世界の国立公園・保護地域の管理上の6類型および各類型地域内に存在しうるコミュニティが所有・管理する保護地域（Community Conserved Area：CCA）の種(分)類

IUCN6類型	同左6類型の管理目的	CCA活動の種(分)類
Ⅰa. 厳正自然保護地域	主に科学的な研究利用のために管理される	コミュニティによって厳格に制限された年ごとの文化的・宗教的な祭りや年1回の採集的狩猟・漁労．アマゾンのような未接触コミュニティによる活動
Ⅰb. 原生地域	主に原生自然の保護のために管理される	同上
Ⅱ. 国立公園	主に生態系保護とレクリエーション利用のために管理される	集落上に設定された流域保護林，コミュニティ設定の野生生物サンクチュアリや保護礁や禁漁区等から，水・魚・観光収入等を通して得られる供給資源を確保して，持続可能なコミュニティの保護を図る活動
Ⅲ. 天然記念物	主に特別な自然現象の保全のために管理される	洞窟・滝・崖・岩等を対象に，地域コミュニティの宗教的・文化的・民族学的・社会特性の保護のために行われる活動
Ⅳ. 生息地・種の管理地域	主に管理介入を通した保全のために管理される	集落の水系，コミュニティ管理の野生生物回廊・河岸植生等，本質的な種の保護よりも地域コミュニティの精神的・文化的・民族学的・社会特性の価値に重点を置いた管理活動
Ⅴ. 景観・海景保護地域	主に景観保全とレクリエーション利用のために管理される	放牧・遊牧コミュニティの伝統的利用地域，文化的景観や共同管理されてきた水域等，自然生態系の神聖性・文化性・生産性を統合した多目的利用を行うための管理活動
Ⅵ. 資源保護・管理地域	主に自然生態系の持続可能な利用のために管理される	野生生物生息地を含む森林・草原・水路・沿岸・海域の保護地域を，共同体ルールに基づいて，利用制限しながら持続可能な収穫を保証する活動

出典：IUCN資料から筆者が抜粋，再編集し翻訳したもの[1,5]
注：protectionは保護，自然保護と利用の調整を図るconservationは保全と訳した．

ーの中でも，"地域コミュニティこそが最も大きな利害関係者である"（"Local communities have the most at stake."）と論じて，地域コミュニティの重要性が強調されている．

7.3.2 国立公園・保護地域の管理におけるパラダイム変化

国立公園・保護地域は，19世紀末の最大の発明・工夫で20世紀に大発展した概念の一つと大評価される面もあるが，元来，植民地や西部開拓地を分割統治するためにも利用されてきた．ようやく20世紀末あたりからそのパラダイムの変化

表7.4 国立公園・保護地域の管理におけるパラダイム変化

国立公園・保護地域の伝統的な解釈	国立公園・保護地域の新たな解釈
1. 分離した地区として設置される.	1. 国家, 地域, 国際的な制度 (systems) の一部として計画される.
2. 島 (islands) として管理される.	2. 回廊, 飛び石, 生物多様性に優しい土地利用のネットワークの各要素として管理される.
3. 短い時間尺度で, 経験に学ぶことに多くを配慮しない対応的な管理	3. 長期展望の中で, 進行中の学習を活用した適応的な管理
4. 現存する自然・景観遺産の保護のためであり, 失われた価値の回復のためにはあらず.	4. 保護に加え, 消失・侵食された価値の回復・復興を目標とする.
5. 生産的土地利用を排除した自然環境保全, 生態系機能への配慮が少ない景観保護のために設置, 運営される.	5. 保全に加え, 科学的, 文化的, 生態系サービスの維持を含めた社会経済的目的のために設置, 運営される.
6. 専門技術者的 (technocratic) な手法で設置される.	6. 感性, 協議, 機敏な判断を必要とする政治的な行動によって設置される.
7. 管理を行う人材は, 自然科学者および自然資源の専門家	7. 管理を行う人材は, 社会的な技術を含め多分野から技術を身につけた人々
8. 地域住民 (local people) の要求と参入を排除し, 彼らの活動を制限する手段として設置, 管理される.	8. 地域住民とともに, 彼らのために, 場合によっては彼らによって設置, 運営され, 決定権をもつ地域コミュニティの関心事項を反映
9. 中央政府が経営する.	9. 政府, 地域コミュニティ, 原住民グループ, 民間企業, NGOs等多くの連携で経営する.
10. 自然環境保全の利益は, 納税者のために支払われる.	10. 多くの源からの利益が多者に支払われ, 可能な限り自立する.
11. 自然環境保全の利益は, 自明のものと見される.	11. 自然環境保全の利益は, 査定され計量化される.
12. 自然環境保全の利益を得るものは, 第一に訪問者, 旅行者である.	12. 保全の機会費用 (opportunity costs) を引き受けた地域コミュニティが, 第一に利益を得る.
13. 国家的な配慮で遺産と見なされるものは, 地方的な配慮のものにまさる.	13. コミュニティの遺産と見なされるものは, 同様に国家的な遺産でもある.

(出典) IUCN機構の大先輩でWCPA委員長を長く勤められたMr. Adrian Phillipsによる"Turning ideas in their head—the new paradigm for protected areas—, The George Wright Forum (2003)"をもとに, 若干の私見を加えながら筆者が翻訳・再編集したもの[13].

が起こりつつあると解釈した方がよさそうでもある.

とはいえ, フィリップス (Adrian Phillips) による先進的な表7.4の中の国立公園・保護地域の"伝統的な解釈"によって必ずしもこれまですべての国立公

園・保護地域が管理されてきたことを意味するものではなく，新パラダイムに示された"新たな解釈"によって今後はまもなくすべての国立公園・保護地域が管理されていくことを意味するものでもない．まだ，先は遠いと考えられる．しかしながら，多くの国において国立公園・保護地域に関連した法令の多くは1970〜1980年代に整備され，多くの各国立公園・保護地域の管理方式もこの時期に再整備されたため，フィリップスによる"新たな解釈"に盛り込まれた原則や考え方に近いものとなってきている．逆に，比較的古い時代から整備された国立公園・保護地域体系を有していた国々の方が，かえって"新たな解釈"の具現化の面では立ち遅れが目立つという逆転現象も散見されるところである．果たして日本は，古い方の部類に入るのだろうか？　政治的にも一般社会的にも普及した国立公園・保護地域といえども，土地所有，マクロ経済政策，民族・政治的衝突，様々なレベルでの権利の不平等などの問題を抱えている．これらが，国立公園・保護地域を通して垣間見える現在の地球の課題ということもできよう．

7.4　国立公園・保護地域管理における地域コミュニティ参入

　最後に，IUCN研究チームによって西暦2000年前後から進められている分担調査[4]をいくつか見ていくことで，本章の結びとしたい．

7.4.1　代表的な欧州の保護地域は地域コミュニティや原住民と協働管理されているか？

【ノースヨーク・ムーアズ（North York Moors）国立公園（IUCN類型Ⅴ）】

　イングランド北部東海岸に面するノースヨーク・ムーアズ国立公園は，イギリス本土に11か所指定されている国立公園の一つで，人口稠密地帯にも比較的近い場所に位置するものの，乾燥ヒース草原と海岸景観の美で有名である．イギリスはコモンウェルス，いわゆる旧大英帝国時代の海外領土に国立公園を設置，拡大することにはいち早く手をつけて，実質的にアメリカ発案の国立公園を世界中に広めてきたが，本土での指定は遅く，1,436 km^{2}のノースヨーク・ムーアズの指定も1952年のことである．

　ノースヨーク・ムーアズ地方は，数千年にわたって人が住み，農耕に利用され，この土地の大部分は個人の所有となっている．基本的には工作物の建築や工事が，

補償なしで国立公園管理当局の管理下に置かれており，わが国の国立公園とはほぼ同じ状況下にあるものの，農耕や土地の管理に関する行為は一般的に国立公園管理当局の管理下には置かれていない．

このため国立公園の管理計画は土地所有者達の協力におおいに頼るところとなっている．農耕や土地の管理に関する行為が国立公園管理計画に適合したものとなることを確保するために，土地所有者と国立公園管理当局との間に契約書が結ばれることがしばしばある．しかしながら，その契約行為は，あくまでもヴォランタリーが基本である．

【サーミ地方（Lapponian（Saami）Areas：LAPP）の4国立公園（IUCN類型Ⅱ，V）】

スウェーデンのサーミ地方には1909年の自然保護法によって，四つの国立公園が設定されており，これらはSarek NP（1909年設置，IUCN Ⅱ類型），Stora Sjofallet NP（1909年設置，V類型），Muddus NP（1941年設置，Ⅱ類型），Padjelanta NP（1962年設置，Ⅱ類型）（IUCN6類型は136pの表7.3を参照のこと）であり，これら4国立公園の合計面積5,725 km^{2}は，わが国最大面積の大雪山国立公園の2.5倍強である．中でも1909年設置のSarekとStora Sjofalletはヨーロッパで最も早く設定された国立公園として有名である．

スカンジナビア半島北部には4,000～5,000年前から住み続ける原住民サーミがおり，そのスウェーデンにおける人口約1万7千人の内およそ200～250人が，現在もサーミ地方で生活を続けている．1971年施行のトナカイ放牧法は，トナカイを飼育するサーミに限って国立公園の内外を問わず，ユニークな権利；土地と水の利用，狩猟と漁労，何と自動車の利用権を認めている．

最も顕著な利害の衝突は，トナカイを飼育するサーミとサーミ地方南部の個人所有の林地の地主との間で生じており，とくに冬季のトナカイ放牧による植生損傷に対する補償を地主側が求めるケースもある．大面積の森林地や国有林では，サーミによるトナカイ放牧があってもこのような衝突には至っていない．しかしながら，現在，法で認められている権利は原住民サーミの文化・コミュニティの維持のためというよりも，トナカイ放牧の調整に主たる焦点が当てられている．

7.4.2　パークス・カナダ（Parks Canada），not 国立公園の発祥の地 USA
【ウッドバッファロー（The Wood Buffalo）国立公園（IUCN 類型Ⅱ）】

　カナダのアルバータ州の北部で，有名なバンフ（Banff）国立公園より北に 44,802 km^2 という広大な面積をもって 1922 年に設定されたのが，ウッドバッファロー国立公園．九州の何と 1.2 倍もの広さである．一帯はオイルサンドの埋蔵量が多いという点でも最近は注目を集めている．世界で 3 番目に早く設定されたバンフ国立公園（1885 年，面積 6,641 km^2）のように，アメリカ発案の国立公園を世界中に広めた大英帝国が最初に手をつけたのがカナダであったため，現在でも理想的なアメリカ型の国立公園はカナダにあるということもできる．

　国立公園設置の主たる目的は，現存する最も大きな移動集団の群れが見られる北アメリカ・バイソンの保護であるが，しかしながら群れの個体数は 1970 年代の 1 万頭から 20 世紀の終わりには 2,500 頭にまで減少している．

　18 世紀初頭に毛皮商人達が来訪するようになるまで，8,000 年以上にわたってこの地に住んできたのが Chipewyan をはじめとする原住民である．彼らの伝統的な生活様式は，狩猟，わな猟，漁労，食用可能な植物や果実の季節的な採集であり，現代文明社会の主流派から見ればもはや持続可能性はないと考えられているものである．

　カナダの原住民の指導者達は，原初の状態で彼らの地を保存すること，および国立公園の管理に関する決定段階に原住民を参加させることに大いなる関心を原住民達はもっているとの主張を続けている．しかしながら，実施可能な合意に至るのは難しそうである．現代文明社会の主流派は，国立公園に関する見解として，人間の居住・占有がないことを挙げ続けているのである．パークス・カナダにしてこうであり，残念ながら本家に遠慮してのことか，今のところ IUCN による USA の国立公園に関する当該ケーススタディは提出されていない．では，先進国にも望みはないのかというと，世界で 2 番目に早く国立公園を設置したオーストラリアと 4 番目のニュージーランドに好例が示されている．

7.4.3　最も進んだオーストラリアとニュージーランド
【Kakadu/Uluru Model in Australia（IUCN 類型Ⅱ）】

　オーストラリアではアボリジニ（Aborigine）の所有権が認められ，そこからさらにオーストラリア連邦政府に連邦政府の管理する国立公園の土地として貸し出

され，年間使用料が伝統的土地所有者に支払われているケースがある．1979 年設立のカカドゥ（Kakadu）（連邦）国立公園は，ノーザン・テリトリー（Northern Territory：NT）のダーウィンの東 200 km に位置し，総面積は 19,804 km^2．その約 50％がアボリジニのグループによって譲渡が不可能な自由保有権のある土地となっている．ちなみに Northern Territory の 42％の土地がアボリジニ・土地トラスト（Aboriginal Land Trust）として管理されている．

1993 年のネイティブ・タイトル（Native Title）法によって，1999 年までにオーストラリアの土地の 14％が Aborigines & Torres Strait Islanders のいわゆる原住民の所有であることが公式に認められたが，そのほとんどは遠隔の乾燥地帯か北部の熱帯地域にある．

カカドゥをはじめとする 6 国立公園は，1975 年のノーザン・テリトリー原住民の土地に関する権利法に従って，アボリジニの土地所有者と連邦政府の国立公園管理局長が合同で管理を行う方式をとっている．その内容の代表的なものとして，

① 管理委員会メンバー 14 人中 10 人がアボリジニである．
② 国立公園管理計画の策定にアボリジニが参画する．
③ 国立公園職員と伝統的土地所有者の間の連絡・交渉にもアボリジニが当たる．

等である．

歴史的にノーザン・テリトリー政府は，連邦政府環境局の国立公園内での権限の行使やアボリジニの土地に関する要求には反対の立場をとってきており，土地利用に関しては鉱業権等との軋轢が引き続き生じている．自然保護と原住民政策に熱心な連邦政府に対して，テリトリー（Territory）政府は経済開発志向という旧式な構図がここにもある．

【ニュージーランドのワイトモ洞くつ（Waitomo Caves）（IUCN 類型外）】

ニュージーランドの北島のワイトモ洞くつは，大型の蚊の一種の幼虫で発光するグロウ・ワーム（Glow Worm（和名，土蛍））が世界で唯一生息する場所として有名である．元来，マオリ（Maori）の青年が発見した場所であり，その貴重性に鑑み国家機関すなわち自然保護局（Department of Conservation）の管理下に置かれていたものが，マオリのグループに管理権が戻され彼らの観光直接収入が認められた．約 1 時間で地下河川を案内する舟の座席数が制限となって，およその年間利用者数は，50 人×5 回×200 日＝5 万人．利用料 1 人 33 NZ$ なので年間約 1 億 3,000 万円程度の直接収入となっている．

図7.1 ドイ・インタノン（タイ最高峰2,565 m）の頂上直下　図7.2 雲霧林（ドイ・インタノン）の着生ラン

7.4.4 開発途上国の代表的な国立公園・保護地域

【ドイ・インタノン国立公園（Doi Inthanon National Park），タイ（IUCN類型Ⅱ）】

1972年にタイ王国北部に482 km²をもって設立されたドイ・インタノン国立公園は，域内に住む約4,500人のカレン（Karen），エスニック・タイ（Ethnic Thais）およびモン（Hmong）族等の山岳民族の存在を考慮せずに設置された（図7.1，7.2）．

しかしながら，ドイ・インタノン国立公園の1993年の利用者数は，1983年の3倍の936,000人に増加したのは，カレン族の村が地域コミュニティに根ざした（community-based）エコツーリズムの訪問目的地になったという背景がある．カレン族の村の代表者を含めた国立公園管理委員会は，いまや自然環境保全志向のあるカレン族の農林業手法である地域コミュニティに根ざした樹木育苗のような観光にリンクさせた自然保護プロジェクト計画を推進するに至っている．

モン（Hmong）族の方には，1979年から始まったロイヤルプロジェクトによって，アヘンのとれるケシ栽培から温帯性の換金作物栽培へと生計を改善するための補償が与えられた．

【マサイ・マラ国立保護地域（Maasai Mara National Reserve），ケニア（IUCN類型Ⅱ）】

マサイ・マラ国立保護地域一帯は，もともと勇壮さで知られるマサイ族の土地であった．文献によれば，1世紀以上前のケニアの人口は現在の約40分の1の90万人でその3分の2以上がマサイ族であった．優勢部族であり，かつてのアラブの奴隷売買人にけっして屈することのなかった唯一の部族といわれるほど，その勇壮さが畏怖されてきた．人とそのおよそ10倍の数の家畜，共同での牧草と水を求めての定期的な移動を常としている．しかしながら，マサイ族はけっして最良

図7.3 ヌーとシマウマの群れ（ケニア，マサイ・マラにて）

図7.4 マサイキリン（ケニア，マサイ・マラにて）

の牧草地を荒廃させることはなく，厳しい乾季になるまで，そこの牧草を温存してきた．その最良の牧草地の一つがマサイ・マラである（図7.3，7.4）．

そんな土地が，20世紀初頭になって大型野生動物の狩猟場として使われ，大量の動物が殺された．狩猟禁止が進められ，1961年の野生動物保護区（game reserve）指定を経て，マサイ・マラが国立保護地域に昇格したのは，ケニアが独立して共和国になってからちょうど10年目の1974年になってからのことである．面積は $1,672 km^2$ である．

1977年の野生生物保護管理法（The Wildlife (Conservation and Management) Act）によれば，ケニアの国立公園（national park）とは全域が国有地であり，厳格に国立公園目的だけにしか使われない地区を指す．イエローストーンの国立公園発祥の地アメリカと基本的には同じである．一方，国立保護地域（national reserve）とは公有地であり，原住民による季節的な水利用と放牧権などが認められている地区を指す．すなわち，マサイ・マラが国立公園になれない理由は，ケニア建国のはるか以前からそこにいたマサイ族が，畜牛を連れてきてそこに滞在し放牧することを認めなければならないからである．

マサイ・マラ国立保護地域は，現在のケニアの野生動物保護と観光立国の，一つの象徴的場所になっており，前のローマ法王ヨハネ・パウロ2世は，筆者がケニア在任中の1985年8月にケニアを訪問されギギリ（Gigili）の国連ビルで謁見する機会を得たが，法王はマサイ・マラではかねてから飼育されていたクロサイの孤児を祝福され，その手で大平原に解き放たれた[18]．

現在まで多くのマサイは，増大する保護地域利用者が彼らの近くに来訪するの

に，遊牧民としての生活様式を長く選択してきた．彼らはローカルな小ビジネスには興味はなく，確かに彼らがローカルヴェンダー（local vender）になってしまえばマサイの文化は破壊されてしまったであろう．マサイは，その土地の使用についてサファリ会社にコンセッション（特許）料を科して，その収益を彼らのコミュニティの必要とするものに当てている．エコツーリズム会社から直接収益を受け取ることで，伝統的な生活様式を続けることを可能にするというマサイグループのモデルがよく成功裡に語られる所以である．

参 考 文 献

1) IUCN : Guidelines for Protected Area Management Categories, 1994
2) IUCN : United Nations List of Protected Areas, 1997
3) IUCN/UNEP-WCMC : World Database on Protected Areas, 2005
4) IUCN/WCPA : Indigenous and Traditional Peoples and Protected Areas―Principles, Guidelines and Case Studies―, 2000
5) IUCN/WCPA : Indigenous and Local Communities and Protected Areas―Towards Equity and Enhanced Conservation―, 2004
6) IUCN/WCPA : Regional Action Plan for the Protected Areas of East Asia 2006-2010, 2008
7) 加藤尚武：環境倫理学のすすめ，丸善，1991
8) 環境庁長官官房国際課：国連人間環境会議の記録，1972
9) 環境庁，外務省監訳：アジェンダ21実施計画，エネルギージャーナル社，1997
10) 環境省：新生物多様性国家戦略，2002
11) 環境省：第3次生物多様性国家戦略，2007
12) 環境省：生物多様性総合評価報告書，2010
13) Phillips A. : Turning ideas in their head―the new paradigm for protected areas―, The George Wright Forum, 2003
14) 生物多様性条約事務局：地球規模生物多様性概況 第2版（GBO2），2006
15) 地球環境法研究会編：地球環境条約集第4版，中央法規，2003
16) UNEP/TIES : Ecotourism: Principles, Practices & Policies for Sustainability, 2002
17) UN : Millennium Ecosystem Assessment 総合評価報告書，2005
18) 薄木三生：箱舟の動物たち―東アフリカの自然公園を歩く―，築地書館，1989
19) 薄木三生ほか：地球規模の環境問題Ⅱ，中央法規，1990
20) 薄木三生ほか：アニマルズ・クライシス 絶滅，文藝春秋社，1992
21) 薄木三生ほか：熱帯雨林をまもる，NHKブックス，1992
22) 薄木三生ほか：地域のシステムと都市のシステム，古今書院，2007
23) (財)国立公園協会：2011 自然公園の手びき，2011

コラム 8. 「地域カード」としての IC カード乗車券の内発的発展

○IC カード乗車券の普及・拡大

　新たな鉄道サービスとして導入が進んでいる IC カード乗車券は，現在，全国的な広がりを見せ，重要な社会インフラとしての活用が期待されている．IC カード乗車券により利用者には乗車券購入の煩わしさがなくなり，移動のモビリティが向上する．これまで利用者にとって乗車券を買い，それを改札機に通すことは乗り継ぎの利便性を阻害するバリアだった．とくに高齢者はカードを改札機に通すことにも時間がかかる．その点，非接触型 IC カード乗車券による利便性の向上は画期的といえる．事業者からすれば運賃収受業務の合理化を図り，利用機会向上による増収効果を期待できる．とくに電子マネー機能付き IC カード乗車券は，ホテル，レストラン，ショッピングなど多目的な利用が可能となる．都市内観光周遊や地域の観光振興，まちづくりにも寄与する．

　シームレスな交通体系の実現は公共交通政策の重要な目標の一つである．シームレス化の議論では，これまでハード施策としての交通結節点の構造とソフト施策としての運賃制度の 2 点について当該バリア改善の必要性が議論されてきた．IC カード乗車券の導入はそれら二つのバリアを克服し，シームレスな交通体系を実現する上で有効な策となる．それは移動バリア克服に伴う時間的コスト，心理的コストなど広い意味での取引費用の節約につながる．事業者区分がどうあれ，移動の継ぎ目を実感しないような交通システムの構築が求められる．

　今後，様々な分野で広く共通利用できる IC カード・システムが整備・拡充されていけば，またすべての公共交通機関が参画した広範囲な料金収受システムが構築されれば，シームレスな交通社会の実現が可能となる．こうした IC カード乗車券は，大都市のみならず，地方都市，さらには島嶼部でもその導入が見られる．

○地方都市における導入事例―高松，松山，高知―

　香川県高松市では 2005 年に高松琴平電気鉄道(株)が導入した電子マネー機能付き IC カード乗車券「イルカ」(IruCa)が普及している（図 A）．IruCa は香川大学の学生証や高松市役所の職員証にも搭載された．高松市では IruCa の活用によって「駅からまちへ，まちから駅へ」というように IC カード乗車券の利用領域を拡大させている．IruCa の目的はシームレスな公共交通の実現にあるが，IruCa はむしろ「地域カード」としての役割を果たそうとしている．

　愛媛県松山市でも伊予鉄道(株)が 2005 年に発行した電子マネー機能付き IC カード乗車券「IC い～カード」を活用した公共交通機関の利用促進策に取り組んでいる（図 B）．IC い～カードは既に松山市内の電車，バス，タクシー，フェリーなど公共交通機関のみならず，商店街での買物などに幅広く利用されている．高知県高知市でも 2009 年に土佐電気鉄道(株)が IC カード乗車券「ですか」を導入した．「ですか」を利用したエ

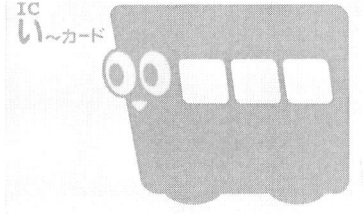

図A　高松琴平電気鉄道で導入された IC カード「IruCa」

図B　伊予鉄道で導入された IC カード「IC い〜カード」

コアクションカードは乗車距離に応じて CO_2 排出量の削減効果を計算する．CO_2 1 kg 当り1エコポイントとして積算した数値がウェブ上で確認でき，地球環境への貢献度が可視化される仕組みとなっている．

○島嶼部における導入事例―直島と中島―

　香川県の直島は，近年，美術館の整備などにより来訪者が急増した．2010 年には直島を主な舞台とした「瀬戸内国際芸術祭」が開催された．そのような直島では 2009 年に IruCa をフェリーや島内バスの料金，入館料や土産品購入にも使えるようにする実験が行われた．実験では直島を訪れる観光客等を対象に公共交通機関や物販店に IC カードリーダを設置し，高松都市圏と一体化した周遊観光サービスを提供した．島民に対しても IC カード乗車券によるシームレスな公共交通サービスの実現を試行した．

　愛媛県松山市の中島など島嶼部および松山港を起終点とする高速船やフェリーでは IC い〜カードが利用できる．これにより電車・バス・タクシー・フェリー間の相互乗継ぎが実現した．島内交通の利便性の向上にも貢献している．こうした航路への IC カード乗車券の導入により，航路・陸上交通機関間の乗継ぎ利便性が向上し，島嶼部住民および島外からの観光客の交通・観光の利便性の向上にもつながった．

○IC カード乗車券の国際利用

　以上のように，（電子マネー機能付き）IC カード乗車券の導入は，公共交通機関の利便性を高め，観光客・利用客の増加につながる．さらに IC カード乗車券の国際的な共通化・相互利用の実現も期待される．外国人観光客は鉄道やタクシー，ホテル，食事，土産などにお金を使う．外国人にも利用しやすい IC カード乗車券の開発が望まれる．既に，国土交通省では，2007 年 9 月に「IC 乗車券等国際相互利用促進方策検討委員会」を立ち上げ，IC カード乗車券の国際的な発行ネットワーク，国際決済システムの開発を検討している．

　IC カード乗車券は，香港，ソウル，シンガポールなどアジア諸都市でも，その高い利便性が評価され，普及している．わが国では，近年，「ビジット・ジャパン・キャンペーン」に連動した外国人観光客誘致への取組みが見られるが，少子化により国内人口が減少していく中，地域経済を活性化させていくためにも訪日外国人による交流人口を増や

していく必要がある．今後は IC カード乗車券の国際的な相互利用を実現するための社会実験を通じて，アジア諸国の文化，経済，技術の交流を図るとともに，訪日外国人旅行者が，スムーズに移動できるシームレスな公共交通システムの整備・実現に努めていかなければならないだろう．

○ IC カード乗車券の内発的発展

　IC カード乗車券の発展は多機能化と共通化という二つの軸で捉えることができる．多機能化とは，乗車券機能と電子マネー機能を有する IC カード乗車券をプラットフォームとしたコミュニティサービス機能（通勤・通学者，高齢者，子供等への域内向け機能）や広域サービス機能（観光客，ビジネス客等への域外向け機能）など機能の多様化をいう．共通化とは，他地域の IC カード乗車券の相互利用をいう．将来的にはこうした共通カードの機能の多様化と高度化（カード決済機能の拡大）が重要な課題となってくるだろう．IC カード乗車券には，公共交通のシームレス化（利用機会，移動モビリティの向上，活性化），業務の合理化，地域カード化（地域の活性化，まちづくり，生活環境の向上，観光振興への貢献），また広く社会インフラとしての役割が期待される．

　四国の地方都市，島嶼部における IC カード乗車券の導入は，東京，大阪など大都市圏の鉄道会社の戦略的な事業展開と異なる．それは地域に密着した，また地域独自の社会インフラに依拠した事業展開といえる．あくまでも地元企業・地域住民が主体的，自律的に自分達の地域社会を創造・変革していくことを主眼としている．確かに「IruCa」も「IC い〜カード」も，電子マネー機能を備えてはいるが，大都市圏の鉄道会社の事業展開のように加盟店拡大による囲い込み，収益事業の強化が目的とはなっていない．むしろ緩やかな裾野の拡大により公共交通を機軸に中心市街地の活性化，まちづくり，観光振興に結びつけていこうというものである．そこに「地域カード」としての IC カード乗車券の重要な役割がある．

　四国では IC カード乗車券の共通化，相互利用は進んでいないが，それぞれのカードがユニークなサービス機能を備えている．そうしたサービス機能が相互補完され，IC カード乗車券の相互利用，共通化が進んでいけば，あるいは新たな展開があるかもしれない．IC カード乗車券に互換性がない反面，それぞれのカードが当該地域内に完結した独自の発展，内発的発展を遂げていくことも考えられる．ただ，そのことが，今後，「地域カード」としての四国の IC カード乗車券をガラパゴス的進化に追い込む可能性を否定できない．

参 考 文 献

1) 太田勝敏，古屋秀樹，堀　雅通，野瀬元子：都市内観光周遊のための交通パス導入による影響とその実現性に関する研究，平成 20 年度〜平成 22 年度科学研究費補助金基盤研究（C）研究成果報告書（課題番号 20560494），東洋大学国際地域学部，2011

2) 国土交通省：IC 乗車券の国際相互利用の推進，「国土交通」，国土交通省総合政策局，2009 年 1 月号，pp. 26-27
3) 高松琴平電気鉄道：IruCa の取り組み，2010 年 2 月 23 日
4) 土井健司：交通 IC カードによる地域おこし，国おこし，「みんてつ」，2009 年秋号，日本民営鉄道協会，2009 年
5) 中村文彦：交通結節点における連続性の現状と課題，「運輸と経済」，第 63 巻第 10 号，pp. 15-21，運輸調査局，2003 年 10 月
6) 堀　雅通：交通系 IC カードの普及・拡大と戦略的事業展開，東洋大学大学院紀要，第 45 集，東洋大学大学院国際地域学研究科，pp. 73-86，2009 年 3 月

コラム 9.　地域の内発的発展に貢献する観光資源開発のあり方

○内発的発展と観光

　2001 年 4 月に政権の座についた小泉純一郎氏が観光振興を政策課題として取り組むことを明言して以来，観光振興が歴代内閣の主要政策課題として引き継がれている．それから 10 年余が経とうとしているが，観光が地方の疲弊を救う切り札になりえていないとの意見も少しずつ聞かれるようになってきた．また観光客数は増加しているものの，環境への影響や，実際に経済効果の恩恵が地元に還元されないといった問題点も指摘され始めている．

　そこで注目すべきなのは内発的発展理論であるが，まだ観光分野では内発的というキーワードでの議論が本格的には始まっていない．ただ，コミュニティベースドツーリズムやエコツーリズムの議論において，地域資源を生かし，地域住民がイニシアティブを握りながら観光開発・振興を行うという考え方が定着しつつある．ただ，これらのいわゆるオールタナティブツーリズムの欠点として，結局どこも同じような観光アトラクションになってしまい，かえってただでさえ少ないパイの奪い合いで競争が激化して，結果的に地域の経済を牽引するほどの産業になりえないという点である．

　そこで，地域の内発的発展に長期的に貢献することができる観光資源とは，他地域と明確に差別化ができて，容易に真似ができないものであるといえる．「ないものねだりから地域の宝のありもの探し」というスローガンは最近のオールタナティブツーリズム振興において決まり文句となっており，地域住民を巻き込んだ観光資源探索のワークショップが行われただけで先進事例のように紹介されることが多いが，地域住民にとっては新たなる発見であっても，それがどこにでもあるものであれば，その新たに発見した資源は観光資源とはならず，観光客を満足させることは不可能である．観光まちづくりの分野では，いくら地域住民が満足しても，その観光が補助金依存ではなく，観光客からの収入で商業的に成立しなければサステイナブルには発展しないということを強調した

図A　淳昌コチュジャン村　　　　　図B　李升雨氏

上で，以下に地域固有の資源を生かしたアジアの好事例を挙げて，発展の過程を分析する．

○韓国全羅北道淳昌コチュジャン村の成功

　韓国料理を作るのに最もよく使われる材料の一つとしてコチュジャンをあげることができる．全羅道の淳昌(スンチャン)コチュジャンはもともと朝鮮王朝時代から献上されていた淳昌の味の良さで定評があった．それは盆地となっている淳昌の気候が温暖でとくに霧の影響で湿度が高く，発酵にいい土地柄であったことに由来する（図A）．

　コチュジャンは代々伝わる秘法に基づいて家内制手工業で製造していた．1997年，淳昌郡守李升雨氏(イ・スンウ)（図B）が当時村内に散在していた12軒のコチュジャンの製造販売店を集積させることを着想し，製造販売店主達の反対があったにもかかわらず，粘り強く交渉，説得を重ね，新規に入植した販売店も含め60軒でコチュジャン村をスタートさせた．その後，遠くからも淳昌コチュジャンを買いに来る人が増え，現在では年間20万人が訪問する観光地となった．淳昌のコチュジャンによる村おこしは全国的に注目されるようになり，李明博(イ・ミョンバク)大統領は2008年の演説でこの淳昌を採り上げて，一つの強みで村として人を呼べるようにと全国に号令をかけた．

○集積が強力な地域ブランド形成の源泉となる

　地域の強みを生かして新たに地域ブランドを形成して観光客を呼ぼうとするときに，地域資源の主体が散在しているときは，散在したまま観光開発をするよりも集積させることで観光客に対して強力にアピールできるだけでなく，同業者同士が切磋琢磨することにより，クオリティが磨かれる．集積すると，物流も効率化が図られ，仕入れの際も共同購入も可能になる．また観光開発は常に環境問題と向き合っていかないといけないが，集積することでそのデメリットを拡散させなくて済む．観光地において集積は大変メリットが多く，集積させることで強力な地域ブランド形成が可能となる．今回取り上げた淳昌だけでなく，錦山(クンサン)の人参市場，全州(チョンジュ)のマッコリ通り等，韓国には多くの集積の好事例が存在する．日本でも例えばB級グルメによるまちおこしや地域ブランド形成が

盛んに行われるようになっているが，先行優位を取れなかった地域でこれから開発しようとしている地域は，集積させることでアピール力を向上させることも一つの選択肢として考えていくとよい．

○不退転のリーダーシップ

新しいことを行う上では反対がつきものである．まちづくりにおいては，ステークホルダーの合意形成により重点が置かれてきて，リーダーシップの存在が薄れがちだが，反対やリスクを恐れず未来を見据えてプロジェクトを進めていくリーダーの存在は欠かせない．とくに，淳昌コチュジャン村建設を強力に推進した李升雨氏にはリーダーシップのあり方で学ぶ点が多い．

李升雨氏はもともと上級職国家公務員であったが，1992年に淳昌郡守に任命された．李氏の在任期間はわずか1年7か月であり，その短期間の間に淳昌コチュジャン村のコンセプトを築き，土地の所有者，コチュジャン製造販売者への交渉，説得を重ね，コチュジャン村建設に確たる道筋をつけた．

短期間でのプロジェクト成功の要因は，李氏が郡守に任命されたときに，村を作るためのビジョンをまず考え，そのビジョンに則って政策を推進していくことを心がけたことであると李氏は自己分析している．例えば，村を作ることで新たにコチュジャン製造販売者を受け入れることを表明したとき，当初からの製造販売者はこぞって反対したが，ビジョンに照らし合わせ反対意見に安易に迎合や妥協をせず，当初からの製造販売者と新たに受け入れた製造販売者で組合を組織させ，全員をうまく巻き込んでプロジェクトを推進した．古くからいる人は自ずと既得権をもつ．この人達だけの意見を聞いていたのではイノベーションは起こらない．この既得権を打ち破ることができるのは，ビジョンをもち，そのビジョンの実現に不退転の決意を抱いたリーダーの存在が不可欠である．

索　引

欧　文

Action Plan　126
AHP　67
BOPビジネス　53, 72
CCA　135, 136
CDD　52
CDM　55
CODI　12, 24
Community-Based-
　　Development　121, 133
COP10　129, 132
CPIA　50
CTI　57
CVM　67
DAC新開発戦略　49
Duang Prateep Foundation
　　19
GNS　118
HSF　19
ICカード乗車券　145
ILO　42
ILO第169号条約　134
IMF　50
IUCN　124, 125, 134
　──類型　135, 136, 138
JICA　62
MA　128, 131
native American　122
native population　121, 123,
　　133
NEDO　55, 57
NGO　51
NHA　12
NIEO　43
NIES　44
OECD　61
OPC　119
OTOP　119
OVOP　83, 110, 118

RIS　85
UCDO　12, 23
UNDP　45, 49, 99
UNID　61
Water Democracy　112

あ　行

アキノ，ベニグノ　98
アクター　78
アボリジニ　140, 141
アボリジニ・土地トラスト
　　141
李升雨　149
一村一品運動（OVOP）　83,
　　110, 118
遺伝子改変生物　127
李明博　149
イルカ（IruCa）　145
インセンティブ　102, 111
失われた10年　42
ウラル・デル・マール　95
衛生工学　60
栄養塩　68
エコツーリズム　142, 148
エスニック・タイ族　142
エタノール　56
エリートキャプチャー　53
援助疲れ　40
エンパワーメント　32
オルタナティブツーリズム
　　148
オルタナティブテクノロジー
　　61
温室効果ガス　62

か　行

階層分析法（AHP）　67
外発的発展　79
改良主義　42
河川管理　64
仮想評価法（CVM）　67
ガバナンス　40, 45, 49, 99
カレン族　142
灌漑システム　112
環境技術移転　55
環境工学　60
環境適正技術　62
環境と開発に関する国際連合会
　　議　125
環境モニタリング　69
環境倫理学　123
カンボジア王国　74

気候変動技術対応活動（CTI）
　　57
技術移転　61
キーパーソン　91
キャパシティ・ディベロップメ
　　ント　74
協働　78
協働型内発的発展フレーム　91
共同行動　102
クラブ財　51
グラミン銀行　16, 38
クリーン開発メカニズム
　　（CDM）　55
グローバル化　40, 48

景観保護地域　122
経済危機　22
経済協力開発機構（OECD）
　　61
ケイパビリティ　45

索引

ゲーム理論　114
研修生　63
原住民　121, 123, 133, 140
原住民グループ　135, 137

高架橋建設　95
公共交通政策　145
　──のシームレス化　147
公共事業　96
洪水防止機能　65
構造主義　41
構造調整　40
構造調整主義　44
国際協力機構（JICA）　62
国際自然保護連合（IUCN）　124, 125, 134
国際労働機関（ILO）　42
国民総満足度（GNS）　118
国立公園・保護地域　121, 124, 128, 138
国連開発計画（UNDP）　45, 49, 99
国連工業開発機関（UNID）　61
国連人間環境会議　125, 127
コージェネレーション　56
コミュニティ　51, 135, 137, 139
コミュニティ開発　37, 52
コミュニティ主導型開発（CDD）　52
コミュニティスケール　66
コミュニティ組織　52
コミュニティ組織開発機構（CODI）　12, 23
コミュニティ貯蓄信用グループ　21
コミュニティ抵当事業　16
コミュニティネットワーク　15
コミュニティベースドツーリズム　148
コミュニティベースドディベロップメント　52, 121, 133
コモンズ　151
コンジョイント分析　67
コンディショナリティ　44
コンフリクト問題　113

さ　行

サトウキビ　58
サーミ　139
酸性雨モニタリング　70

市場開発的発展　104
市場メカニズム　102
自助型コミュニティ開発プログラム　34
自然保護地域（地区）　124
持続可能な開発　60
支払い可能額　75
社会インフラ　147
社会運動　30
社会ネットワーク分析　91
集中型システム　68
住民参加　60
住民主体　38
樹林育苗　142
小規模住民組織　39
小規模分散型システム　65, 66
上下水道　59, 64
所有者意識　64
新エネルギー・産業技術総合開発機構（NEDO）　55, 57
新国際経済秩序（NIEO）　43
新古典派　43
親水機能　65
新制度派　45
心理学的モデル　67

すこやかさ指標（水辺の）　70
ステークホルダー　68, 150
ストップ・セブ高架橋運動　96
住みよきセブ運動　98
淳昌コチュジャン　149

生息域外（ex situ）　126
生息域内（in situ）　123, 126
生態系サービス　130
生物多様性　125, 130
生物多様性国家戦略　131, 132
生物多様性条約　124, 126
生物多様性条約第10回締約国会議（COP10）　129, 132
生物多様性総合評価　127, 128, 132
世界開発報告　46
瀬戸内国際芸術祭　146
セブ市（フィリピン）　95
先住民と地域社会　133

組織化　87
ソーシャルネットワーク　11

た　行

大規模集中型システム　66
タイ国家経済社会開発庁　16
タイ国家社会経済開発局　18
第3次生物多様性国家戦略　132
タイ住宅公社（NHA）　12
ダグ・ハマーショルド財団　1, 13
多系的発展　80
多自然川づくり　65

地域革新体制（RIS）　85
地域カード　145
地域コミュニティ　123, 128, 130, 133, 134, 135, 137
地域資源　105, 118
地域社会
　先住民と──　133
地域住民　137
地域振興策　118
地域ブランド　149
地球規模生物多様性概況　131
地球サミット　123, 126
中間技術　61
清渓川（チョンゲチョン）　65
強い紐帯　91
鶴見和子　1, 8, 14, 79

定型教育　86
低コスト技術論　61
低所得者層　37
適正技術　53, 60, 61
「ですか」　145
電子マネー機能　145
都市コミュニティ開発事務局

（UCDO）　12, 23
都市貧困開発基金　16
トナカイ放牧法　139
ドナー主導　50
トリックルダウン効果　41
トリックルダウン説　2
トレードオフ　67

な 行

内発的発展論　3, 7, 14
名古屋議定書　132
名古屋・クアラルンプール補足議定書　132
ナッシュ均衡　114

西川潤　2
ニッチ市場　109

ネットワーク　88
ネットワーク論　30

農業廃棄物　58

は 行

バイオテクノロジー　127
バイオマス　55, 57
廃棄物処理システム　65
廃棄物問題　59
排水設備　59
パークス・カナダ　140
パラダイム変化　136, 137
パリ条約　125
パレート改善　115
バングラデシュ　73
バンコク・コミュニティ・ネットワーク　26
バーン・ウアトン・プログラム　25
バーン・マンコン・プログラム　13, 24, 38

ヒアリング調査　67
比較制度分析　46
東アジアの奇跡　46, 48
ビジット・ジャパン・キャンペーン　146
ビジョン　150
ヒ素　75
ヒ素汚染　72
非定型教育　86
病原リスク　68
貧困削減戦略ペーパー（PRSP）　49

複雑系　8
部族民　134
不定型教育　86
腐敗槽　67
分割統治　122
分割統治期　121
分散型システム　68

ベーシックヒューマンニーズ　43

保護　124
保全　124
保母武彦　2
ホームレスネットワーク　36
ボン条約　126

ま 行

マイクロクレジット　24, 37
マオリ　141

マサイ族　142, 143
マサイ・マラ　142, 143
マルチエージェント　9

水分野援助研究会　62
水辺のすこやかさ指標　70
宮本憲一　2, 79
ミレニアム開発目標　49, 74
ミレニアム生態系評価（MA）　128, 131

モン族　142

や 行

輸出ペシミズム　41

幼稚産業保護　48
弱い紐帯　91

ら 行

ラムサール条約　125

リキシャ　72
リーダーシップ　150
留学生　63

累進的技術論　61
累積債務問題　43

ロザリー，ドーン　98

わ 行

ワシントン条約　125

国際開発と環境
――アジアの内発的発展のために――

| 2012年8月25日 初版第1刷 |
| 2012年10月25日 第2刷 |

定価はカバーに表示

編集者　北　脇　秀　敏
　　　　池　田　　　誠
　　　　稲　生　信　男
　　　　高　林　陽　展

発行者　朝　倉　邦　造

発行所　株式会社　朝　倉　書　店
東京都新宿区新小川町6-29
郵便番号　162-8707
電　話　03(3260)0141
FAX　03(3260)0180
http://www.asakura.co.jp

〈検印省略〉

© 2012〈無断複写・転載を禁ず〉　　新日本印刷・渡辺製本

ISBN 978-4-254-18039-8　C 3040　　Printed in Japan

JCOPY 〈(社)出版者著作権管理機構 委託出版物〉
本書の無断複写は著作権法上での例外を除き禁じられています。複写される場合は、そのつど事前に、(社) 出版者著作権管理機構 (電話 03-3513-6969, FAX 03-3513-6979, e-mail: info@jcopy.or.jp) の許諾を得てください。

好評の事典・辞典・ハンドブック

火山の事典（第2版）　　下鶴大輔ほか 編　B5判 592頁
津波の事典　　首藤伸夫ほか 編　A5判 368頁
気象ハンドブック（第3版）　　新田 尚ほか 編　B5判 1032頁
恐竜イラスト百科事典　　小畠郁生 監訳　A4判 260頁
古生物学事典（第2版）　　日本古生物学会 編　B5判 584頁
地理情報技術ハンドブック　　高阪宏行 著　A5判 512頁
地理情報科学事典　　地理情報システム学会 編　A5判 548頁
微生物の事典　　渡邉 信ほか 編　B5判 752頁
植物の百科事典　　石井龍一ほか 編　B5判 560頁
生物の事典　　石原勝敏ほか 編　B5判 560頁
環境緑化の事典　　日本緑化工学会 編　B5判 496頁
環境化学の事典　　指宿堯嗣ほか 編　A5判 468頁
野生動物保護の事典　　野生生物保護学会 編　B5判 792頁
昆虫学大事典　　三橋 淳 編　B5判 1220頁
植物栄養・肥料の事典　　植物栄養・肥料の事典編集委員会 編　A5判 720頁
農芸化学の事典　　鈴木昭憲ほか 編　B5判 904頁
木の大百科［解説編］・［写真編］　　平井信二 著　B5判 1208頁
果実の事典　　杉浦 明ほか 編　A5判 636頁
きのこハンドブック　　衣川堅二郎ほか 編　A5判 472頁
森林の百科　　鈴木和夫ほか 編　A5判 756頁
水産大百科事典　　水産総合研究センター 編　B5判 808頁

価格・概要等は小社ホームページをご覧ください．